本专著为 2021 年度福建省哲学社会科学规划项目 (FJ2021BFO05)、辽宁省经济社会发展课题（2022slqnwzzkt-006）、辽宁省社会科学规划基金项目（L22BJY049）的研究成果

碳达峰碳中和目标下的中国新能源产业持续发展

——基于企业成长视角的实证研究

袁　见◎著

中国财经出版传媒集团

经济科学出版社

Economic Science Press

图书在版编目（CIP）数据

碳达峰碳中和目标下的中国新能源产业持续发展：基于企业成长视角的实证研究/袁见著．－－北京：经济科学出版社，2021.11

ISBN 978 - 7 - 5218 - 3269 - 3

Ⅰ.①碳…　Ⅱ.①袁…　Ⅲ.①新能源－产业发展－研究－中国　Ⅳ.①F426.2

中国版本图书馆 CIP 数据核字（2021）第 252615 号

责任编辑：孙丽丽　撒晓宇
责任校对：刘　娅
责任印制：范　艳

碳达峰碳中和目标下的中国新能源产业持续发展
——基于企业成长视角的实证研究
袁　见　著
经济科学出版社出版、发行　新华书店经销
社址：北京市海淀区阜成路甲 28 号　邮编：100142
总编部电话：010 - 88191217　发行部电话：010 - 88191522
网址：www. esp. com. cn
电子邮箱：esp@ esp. com. cn
天猫网店：经济科学出版社旗舰店
网址：http://jjkxcbs. tmall. com
北京季蜂印刷有限公司印装
710×1000　16 开　10 印张　200000 字
2022 年 12 月第 1 版　2022 年 12 月第 1 次印刷
ISBN 978 - 7 - 5218 - 3269 - 3　定价：45.00 元
（图书出现印装问题，本社负责调换。电话：010 - 88191545）
（版权所有　侵权必究　打击盗版　举报热线：010 - 88191661
QQ：2242791300　营销中心电话：010 - 88191537
电子邮箱：dbts@ esp. com. cn）

前　言

　　能源的开发与利用极大地促进了人类社会与世界经济的进步与发展。然而，在我们享受能源所带来的各种便利的同时，也随之产生了一系列问题——能源过度使用所引起的生态破坏、环境污染等问题严重威胁着人类的生存与发展。在此背景下，习近平总书记在第七十五届联合国大会一般性辩论上表示："中国将提高国家自主贡献力度，采取更加有力的政策和措施，二氧化碳排放力争于 2030 年前达峰，努力争取在 2060 年前实现碳中和"[①]。并且习近平总书记在气候雄心峰会上进一步提高了国家自主贡献力度的新目标——2030 年中国单位国内生产总值二氧化碳排放将比 2005 年下降 65% 以上，风电、太阳能发电总装机容量将达到 12 亿千瓦以上[②]。

　　碳达峰碳中和目标下，新能源的开发与利用被寄予厚望。新能源的发展不仅有利于摆脱传统能源高碳排放的束缚，还有利于生态的稳定与环境的可持续发展。全球各个国家或地区高度重视新能源产业的发展，并对新能源产业的发展给予了充分的支持。联合国环境规划署发布的《2019 可再生能源投资全球趋势报告》表明，在过去的十年间，全球新能源产能已达到了 2010 年新能源产能的四倍；期间，全球太阳能投资额达到 1.3 万亿美元，占到全球新能源投资总额的一半。截至 2019 年底，全球太阳能发电容量预计将达到十年间前的 26 倍。可见，新能源产业得到了全球范围内各个国家的重视，并获得了快速而卓有成效的发展。其中，中国新能源产业在全球范围内的发展更是突飞猛进，在短短的十余年内，完成了从产业跟随者到产业引领者的质变。回首中国新能源产业发展历程，其克服了产业发展初期技术不先进、发展模式不清晰等问题，产业发展不囿于短

---

① 习近平在第七十五届联合国大会一般性辩论上的讲话［EB/OL］. 新华社，https://baijiahao. baidu. com/s？id=1678595656103445127&wfr=spider&for=pc，2020-09-22.

② 习近平在气候雄心峰会上发表重要讲话［EB/OL］. 新华社，https://baijiahao. baidu. com/s？id=1685885884648064044&wfr=spider&for=pc，2020-12-12.

期困难，以规模化生产的成本优势做为产业发展切入点，成功实现了中国新能源产业的弯道超车。然而，前期产业的迅猛发展并不能完全解决当下所面临的困难——行业技术进步所带来的新能源应用成本下降将是一个长期过程，新能源的广泛利用与传统能源的替代也并非能够一蹴而就。只有进一步稳固新能源产业的健康稳定发展才能有力促进中国"碳中和"目标的实现，才能保障中国的可持续发展道路。

在新能源产业发展过程中，新能源企业的成长是不容忽视的重要问题。本书将针对新能源产业发展特征与企业成长作用模型等核心问题进行探讨。本书在分析各国及地区的新能源产业发展过程中，总结出新能源产业发展的自身特征，并探讨产业内企业成长的影响因素；以"双碳"目标下新能源产业可持续发展为核心，以新能源企业为研究载体，探讨产业发展下的与企业成长影响因素，这有助于新能源企业将有限的资源配置到关键的领域从而实现企业的加速成长来促进产业的不断壮大，并且通过企业成长与产业发展来化解产业发展中遇到的难题。本书采用科学的方法对影响新能源企业成长的因素进行了实证分析，通过面板数据检验了新能源企业成长影响因素的作用。在数据截取方面，特选取新能源产业在中国飞速发展的 2004～2014 年，原因在于这十余年间，新能源企业的加速成长对中国新能源产业的发展起到了决定性的作用，是分析产业持续发展问题的关键所在。另外，为进一步研究新能源产业政策如何促进新能源企业成长，特对新能源政策做了传导路径分析，实证检验着重从企业资源、技术创新和投资规模三个方面进行了讨论。

中国新能源产业发展对"双碳"目标的实现乃至中国经济与社会的绿色发展具有十分重要的现实意义与理论研究价值。在理论研究方面，本书主要着眼于新能源产业发展，在碳达峰碳中和目标下探讨产业内企业的加速成长。本书创新之处在于对新能源产业发展与企业成长之间的关系进行了探讨，总结出新能源企业成长影响因素的作用路径与作用机理，通过企业加速成长实现产业发展壮大；另外，从中观视角出发，结合新能源产业的发展要素，来构建新能源企业成长的作用模型，并针对新能源企业成长进行了实证分析，通过面板数据检验了新能源企业成长影响因素的作用，得出实证结果，以此为中国新能源产业的可持续发展提供建议，为实现我国碳达峰、碳中和目标打下坚实基础。

目　　录

第1章 绪 论

1.1 研究背景与意义

1.1.1 研究背景

当前，在人类享受传统能源所带来的各种利益的同时，也随之出现了一系列能源问题：能源短缺以及由能源过度消耗所引起的环境污染、高碳排放、温室效应等问题严重威胁着人类的生存与发展。因此，积极开发环保、低碳的新能源以实现生态环境的绿色发展成为了各国未来长期发展的首选。新能源的发展不仅有利于摆脱传统能源的束缚，而且从长远来看，能够降低能源价格，改善生态环境，提高人民生活福祉。除了新能源的替代优势之外，新能源的发展还会带来相关领域的正外部性。例如，新能源产业的相关技术创新以及专利发明会对相关企业产生积极影响，从而促进新能源的推广与使用。

在碳达峰碳中和目标要求下，中国各级政府也高度重视新能源的开发及新能源产业的发展，对新能源产业的发展给予了充分的政策支持，新能源产业的发展问题也频频出现在核心领导人的讲话中。例如，2009 年 9 月，时任国家主席胡锦涛在出席联合国气候变化峰会时首次提出中国 2020 年相对减排目标，即争取 2020 年单位国内生产总值二氧化碳排放比 2005 年下降 40% ~ 45%，积极发展低碳经济和循环经济；2015 年 9 月，习近平主席与时任美国总统奥巴马发表中美元首气候变化联合声明，宣布了中美两国各自 2020 年后应对气候变化行动。中国第二次提出 2030 年相对减排行动目标，即二氧化碳排放 2030 年左右达到峰值并争取尽早达峰；2020 年 9 月，习近平主席在第七十五届联合国大会一般性辩论上强调：中国二氧化碳排放力争于 2030 年前达峰，努力争取在 2060 年前实现碳中和；2020 年 12 月，习近平主席在气候雄心峰会上进一步提高国家自主贡献力度

的新目标——2030 年，中国单位国内生产总值二氧化碳排放将比 2005 年下降
65% 以上，风电、太阳能发电总装机容量将达到 12 亿千瓦以上。基于以上目标，
中国正积极融入全球生态文明建设，成为重要的参与者、贡献者和引领者。可以
说，在碳达峰碳中和目标引导下，我国确立了优化能源结构，解决能源瓶颈困惑
的战略目标，以此引领新能源产业迈向一个新的发展高度。当前，中国新能源产
业在全球范围内的成就有目共睹。在短短的十余年时间内，完成了从产业跟随者
到产业引领者的质变跨越。回首中国新能源产业发展历程，其克服了产业发展初
期技术不先进，发展模式不清晰等问题，产业发展不囿于短期困难，以规模化生
产的成本优势作为产业发展切入点，成功实现了中国新能源产业的弯道超车。但
是，在中国新能源产业发展取得巨大成功之时，决策者不应只关注眼下的成绩，
反而更应认清产业发展新阶段所出现的问题，迎难而上，迎刃而解，夯实产业发
展根基，奠定中国新能源产业长期、可持续发展的坚实基础，为碳达峰碳中和目
标的实现铺路架桥。

　　作为新能源产业发展的重要载体——新能源企业，其成长会直接影响到整个
新能源产业的发展，甚至整个国家的能源供应结构的改变进程。虽然新能源替代
传统化石能源将是一个长期的过程，但新能源企业需要将新能源的开发与利用成
本争取在短期内降至传统能源成本之下，这离不开新能源企业的加速成长与发
展。新能源企业如何保持健康成长也是新能源产业发展所要面对的现实问题，只
有企业不断成长与发展，产业才能不断壮大。只有新能源产业的不断壮大，才是
实现中国碳中和目标的底气所在。

1.1.2　研究意义

　　随着新能源产业的迅速发展，其在国民经济中的比重越来越大，成为了国家新
的经济增长着力点，也成为碳中和目标实现的主要抓手。在学术界，对于新能源产
业发展与企业成长的研究也逐渐成为理论界探讨的重要议题。首先，其理论价值在
于构建起碳中和目标下新能源产业可持续发展的分析框架。碳达峰碳中和目标下，
新能源产业的特殊性决定了其形成、发展过程中具有的自身特殊属性，本课题回顾
国内外新能源产业的发展过程，总结出新能源产业发展过程中的自身特征，并结合
企业成长理论，以新能源企业为研究对象，分析其内部因素与外部因素，探讨新能
源企业成长及影响因素，结合企业加速成长找出新能源产业可持续发展的问题所
在，这在一定程度上能够搭建起新能源产业可持续发展的企业视角分析框架。

　　其次，其实践价值在于为新能源产业发展提供科学合理的政策建议，为实现

能源结构转型与碳中和目标的达成贡献一份力量。目前，我国新能源产业发展已有较好基础，但也应清楚地看到，我国新能源产业与国外发达地区的新能源产业在技术创新等方面还存在一定程度的差距，我国新能源产业的加速发展还存在诸多亟待解决的问题。例如，部分新能源企业陷入培育加速成长能力的困境，企业发展缺乏长期支撑，未能有效助推整体产业实现升级。因此本书以新能源企业为分析载体，分析其成长影响因素及作用机理，总结和探索其成长规律，这有助于新能源产业将有限的资源配置到关键的领域，解决企业关键问题。此外，本书采用先进的方法与翔实的数据针对企业成长进行了实证分析，基于企业成长视角为新能源产业的可持续发展提供科学合理的政策建议。

1.2 国内外研究现状

1.2.1 产业发展方面的研究

目前，国内外众多学者就中国新能源产业发展问题的研究已经较为深入。张海（2009）总结了中国光伏产业在 2009 年金融危机下所面临的销售问题，并对中国 2010 年与 2011 年的光伏产业持乐观态度。该文提出中国光伏企业要实现光伏产业的可持续发展，同时阐述了中国政府部门所实施的光伏产业政策现状与光伏产业发展过程中存在的问题。李晓刚（2011）对中国太阳能光伏产业的技术经济与产业经济两个方面进行了分析，主张中国太阳能光伏产业的发展应该具有国家战略、集群发展战略与商业竞争战略，并且论述了各个战略计划，作出计划总结。该文对中国光伏产业的发展起到了重要的启示作用。从目前国内外有关太阳能光伏产业发展的研究来看，产业技术与产业政策等内容为光伏产业发展较为关注的领域。众多学者纷纷通过研究对太阳能光伏产业未来发展做出了趋势预测类的光伏产业发展报告。王娟（2017）认为，我国新能源产业发展仍然存在缺乏明确的新能源价格策略定位、培育新能源市场步伐较慢、新能源产品定价机制不完善、新能源价格激励机制不健全等问题。应通过建立健全新能源行业管理体系、进一步完善新能源产品定价机制、建立更加有效的新能源价格激励机制、不断完善新能源产品价格补贴机制等策略，促进我国新能源产业持续健康发展。郑诗情和胡玉敏（2018）选取了 1996～2015 年的时间序列数据，从金融效率、金融规模、金融结构和金融创新四方面实证分析金融发展对新能源产业的促进作用。实证结果表明，这四个因素都可以为新能源产业的发展做出贡献，其中金融效率和金融规模有较大贡献。最后，该论文在实证结果的基础上，提出了金融产业如何为新能源产业提供有效支持的建议，旨在为推动新能源行业可持续发展奠定基础。黄光球和徐聪（2020），为考察新能源产业影响因素及影响因素之间的关系，运用系统工程的方法，构建了新能源产业多层次递阶 ISM 模型，分析新能源产业发展的直接影响因素、间接影响因素。在此基础上，根据因素之间的相互作用关系构建了新能源产业因果关系图和系统流图。曹楠楠、牛晓耕、胡筱沽（2021）辨明了金融支持新能源产业集聚发展的内在机理，使用赫芬达尔指数对新能源产业的集聚程度进行了测度，并从信贷规模、证券规模、金融结构、金融效率 4 个方面，选取 2016～2019 年的相关指标月度统计数据，构建新能源产业集聚程度和金融支持之间的计量模型，以实证解析为依据，找准金融支持的短板和关键着力点，进而提出优化新能源产业集聚发展的金融支持相关建议。黄栋、杨子杰、王文倩（2021）认为，中国已成全球新能源市场领头羊，新能源产业发展日新月异，回溯新能源产业发展历程，我国新能源产业在不同时期的国民经济呈现阶段性特征，并沿着"利基市场—架构创新—产业标准"的内生逻辑优化升级。面向"十四五"及未来更长时期，在构建新发展格局的战略部署下，我国新能源产业应抓住重大战略机遇，充分释放国内外市场优势，向实现高质量发展不断迈进。

1.2.2　产业政策方面的研究

产业政策的效应是政策目标与政策手段实现程度的具体体现，产业政策效应也是制定政策目标与选择政策手段的时候所要考虑的预期性问题。对于产业政策效应实施事前分析与事后分析，能够帮助政策的制定者预先了解产业政策的实施是否具有有效性，从而进行产业政策目标的修订与政策工具的重新组合。尽管产业政策在设计与制定的时候能够体现出某种程度上的预见性与科学性，但是由于经济环境的随机变化，经济环境中无法预测的意外情况与经济主体的不确定性，都可能导致产业政策效应的偏差与变化。因此，虽然对产业政策的研究已经成为多个国家或地区所研究的热点问题，但是也一直存在着争议与分歧。

韩小威（2006）则主张实施必要的并且有效的产业政策，他指出产业政策的有效性应是通过实行产业政策以推动产业结构的优化与产业的健康发展，并且对产业系统的演化实施合理的调控，促进产业组织的自发形成；另外，对于构建产业政策的有效性指标应从效应标准与效果标准两方面来进行设定。江海潮（2007）指出，产业政策具有风险激励、边际激励与规模激励的功能，政策在激励的过程中是微观企业、地方政府与中央政府间的寻租过程与利益博弈，并且产生市场嬗变效应、社会福利效应、成本效应、收入效应、产出效应、政策传递效应、企业投资效应、产生剩余分配效应与市场的激励一起来调整经济的均衡。产业政策的效应均衡水平应该由企业风险偏好因素、地方政府战略偏好因素、市场竞争激励因素、中央政府政策的执行效率因素与产业政策激励因素共同决定，产业政策对资源的配置效率取决于这几个因素的组合。在某种条件下，产业政策的激励要优于市场的自由竞争激励。白雪洁（2008）指出，产业政策实施的有效性与否与企业行为与产业处在的生命周期密切相关，在企业发展意愿与政策目标一致的条件下，产业政策能够达到政府部门的制定初衷，如果相反，则失败较多。丁芸（2016）从促进新能源产业发展的基础理论出发，多角度分析了财税政策促进新能源产业发展的作用机制，通过对我国现行新能源产业财税政策的审视，研究发达国家在该领域的政策创新，进而提出当前促进新能源产业发展的财税政策建议。白雪洁和孟辉（2018）阐释了产业政策制定实施过程中显著的双重委托代理关系，以及由道德风险和逆向选择行为导致的激励约束缺失。据此提出新兴产业政策需依据产业发展阶段特征及政策目标差异，构建多元主体的全过程政策实现机制，并适时视政策效果对其进行调整或退出的选择，才可能尽量降低激励约束缺失效应。刘洪民和刘炜炜（2019）认为我国新能源汽车产业已处在"政策窗口"转换的关键时期。新时代我国战略性新兴产业的高质量发展应科学把握新兴产业政策窗口的触发机制，实现最佳的政策效应，达到整个产业政策体系的战略目标。袁潮清和朱玉欣（2020）把握我国光伏产业政策发展脉络，为未来产业政策制定提供了参考依据，并为进行产业政策评估与优化打下基础，基于社会网络分析与共现分析方法构建政策热点网络，研究发现我国光伏产业政策的演化体现了高质量、多元化、智能化、市场化的发展特征，并从政策目标、政策手段、政策演化驱动三方面进一步论述。

相对于国外学者的研究，国内学者对新能源产业政策的研究主要集中于对发达国家新能源产业政策的分析与借鉴，为国内制定的新能源产业政策提供政策建议。此外，国内学者也对新能源产业政策的作用与影响进行了深入研究，并阐述各自对新能源产业政策的见解。从目前来看，国内外学者关于新能源产业政策的理论与实证研究相对于其他传统产业的研究较为缺乏，有关新能源产业政策的内涵、分类以及政策工具选择研究等，只有少数学者进行了阐述。对新能源产业政策的研究，实践成果较为匮乏，各国仅通过发布可再生能源政策及少数新能源光伏专项政策，来扶持本国太阳能光伏产业的发展。综合分析现有的研究成果，可以发现尽管现有研究涉及面较广，但从理论层面上对新能源产业政策展开研究的范围相对较小，国内学者更多的是从某些国家或地区颁布的产业政策中提炼出一种或几种政策进行分析比较，缺乏系统的理论研究框架，没有对中国新能源产业发展的过程以及产业政策的效应做出详尽的分析。此外，对中国现有新能源产业政策的研究，没有考虑新能源产业发展阶段的特殊性和政策需求，导致产业政策的实施不够完善，这为新能源产业政策研究留下了进一步完善和丰富的空间。

综上所述，中国学者对于产业政策的研究与国外学者对产业政策的研究存在一定差异。中国学者大致集中于对国内国外产业政策的实施与产业政策效应结果的介绍，并且受到当时中国经济体制转轨时产业政策大部分失败的影响，对于产业政策持完全肯定的学者并不多，较多的学者是对于一定条件下、一定时期与局部产业政策的有效性给予肯定，更多的学者是对于产业政策失败原因进行了细致的分析。

1.2.3 企业成长方面的研究

新古典经济学对企业成长的定义，是指在全部的约束条件需已知，同时企业目标是获得利益最大化的前提下，企业通过内部产量调整，获得规模水平最合理科学化的过程。

吴岩（2013）着力构建了科技型企业的技术创新力的影响因素模型，其将影响因素区分为内部因素和外部因素，其中，外部因素包含产业发展现状，而内部因素则包含企业的人才资源与物质资源。史闻东（2007）指出企业的发展不光取决于市场与产业，也取决于内部资源的挖掘和整合，市场决定了企业产品的价格和外部竞争环境，而内部资源决定了企业的知识体系完善和未来创新能力。企业在复杂多变的市场压力下，可以通过内部资源管理，使得企业具备更好的市场适应性。企业也可以通过整合内外部知识资源，进行主动求变，通过积极的创新获得市场发展的新突破点，并通过多元化模式获得更为科学合理的发展方向，进而打破原有的传统产业约束，保持更强的市场竞争能力。张玄（2016）分析了研发投入对民营企业成长的影响，认为企业研发投入的增加对企业成长具有正向作用。马宁（2016）在对创业板公司成长能力的研究中指出，成长能力较低的企业在创新能力、员工素质和企业获利能力上表现出欠缺，应加强人才的培养。卓泓良（2016）基于仿真生态学的视角，分析了生物学类比法的企业成长理论的可持续性，用数学中的集合论比较了商业生态系统和自然界生态系统之间一一映射的关系；并对企业生态网络的环境影响因素做了简要的说明，发现可以有选择性地用生态位的观点分析商业生态系统下的企业成长。司艳玲（2017）认为企业所拥有的社会资本对其成长有正向作用，社会资本可以通过缓解企业融资约束来促进企业的成长。朱明洋（2017）界定了商业模式与商业模式演化概念，简析商业模式演化与企业成长间的关系，并提出商业模式的双元演化方式——渐进式演化与激进式演化。通过民营科技企业案例分析，论证了企业成长过程中商业模式双元演化现象。王梦溪（2018）通过收集企业发展过程中产生的数据，利用相关的分析方法，对企业盈利能力与企业成长速度之间的关系进行分析，以期帮助企业实现利益最大化的目标。王灿友（2020）认为当企业在种子期时，特色技术的内部培育是颠覆性的驱动要素；在发展期时，企业合法化战略是突破新进入缺陷约束关键；在快速期时，"并购 + 战略联盟"的外生性发展策略可不断拓展企业实际生态位，从而实现企业成长壮大。新兴技术在位企业持续成长的内在机理体现了组织生态学"变异—选择—保留"的演化本质。

在企业成长影响因素的研究方面，国内外学者的论述也较为丰富。麦肯锡管理公司的罗伯特·沃特曼（Robert H. Waterman）和托马斯·彼得斯（Thomas J. peters）提出分析企业内部组织的"7S"模型，即通过模型，指出其中与企业发展有关的因素及其之间的影响，包括组织结构、内部员工、企业文化、战略方向、知识技能、企业风格和体系制度。国内学者廉玉虹和邢以群根据麦肯锡管理公司的"7S"模型，对企业进行进一步研究，指出企业对于人才资源必须具备足够的尊重感，并配之以制度创新，通过合理的组织结构和完善的内部管理体系，促进技术知识资源的整合和发展，进而创造出更为合理的市场适应性，企业文化必须兼具学习与创新，并将两者统筹协调发展，只有这样高新技术型企业才能获得发展，其中学习与创新缺一不可，两者都是企业成长必备的因素。

王宏伟（2010）指出，高新技术企业在不同发展时期所受的主要影响因素并不相同，例如早期所受的影响因素主要包括技术能力和广告效应，中后期则受到企业文化、企业战略规划和危机风险意识的影响。杜传忠（2012）以 2005 年世界银行企业环境调查数据为基础，研究企业成长性的影响因素。研究结果显示，制约企业成长的重要因素是较重的政府税收、残酷的市场竞争、融资困难等，而FDI、研究开发、员工培训等显著促进了企业的成长。田虹（2017）指出企业家精神与中小企业成长之间存在着相互强化机制、适应机制、分化机制和先导机制，这四种机制导致我国中小企业的发展呈现出多样化的特色。一方面，大部分中小企业都处于初创阶段，很难进一步发展壮大，同时大企业的管理者也很难成为创业创新型企业家；另一方面，少数企业得到了快速成长，在成为大企业的同时，也使得企业家成为杰出的人才。黄邦东（2018）认为谋求科技创新是企业发展的原动力，应加快高新技术的创新与推广，加快中小型企业转型升级，优化产品结构，带动市场经济的稳定快速发展。综合影响科技型企业发展的内部环境和外部环境的各种因素，可以归纳为政策关联因素和研发资金投入因素对科技型中小企业的影响，对于科技型企业成长影响因素的研究集中于对政策关联和研发资金投入进行实证分析。罗利华（2021）以江苏153家企业的问卷数据和面板数据为样本，从知识资本视角考察企业成长过程，运用因子分析和差异对比评价企业成长力以及探索企业成长力影响因素，认为企业应重视扩大知识资本增量，完善知识资本体系，发挥知识资本整体效应。

就上述研究文献资料而言，影响企业成长的因素主要包括资金能力、企业文化、内部组织管理、科学知识、创业导向、价值创新能力、集群和产业链资源以及社会关系等内外部因素。此外，现阶段大多数研究人员认为企业的发展受到很多因素影响。部分学者基于对关键因素的分析，尝试找出企业在成长过程中所需重视的地方。朱秀梅（2010）就新创单位的市场竞争优势与信息化程度、创业导向和资源知识之间的联系进行了重点研究，研究第一步以已有文献为基础，构建新创企业与三者之间的关系模型，随后通过模型之间的变量关系提出相应假设，进而通过实证分析指出新创企业形成市场优势的作用机理以及知识资源获取途径和效用与新创企业之间的联系，最终得出创业导向和信息化能力能够帮助企业更好地吸收知识资源，进而形成企业市场竞争优势。崔建霞（2011）针对新能源行业2007~2009年之间的财务数据，对新能源上市公司的股权结构、债务结构与公司绩效进行实证分析，并得出结论：新能源上市公司总体的长期负债水平不高，总负债率与公司绩效之间呈"U"型的负相关关系。杜传忠（2012）以世界银行企业环境调查数据为依据来研究企业成长影响因素，其研究结果为：阻碍企业成长的因素是融资困境与较重的税收等，而员工培训与研究开发等促进了企业的成长。陈琳（2013）在对70个国家6000个公司的数据进行整理后发现，政府补助对企业内部管理和营销方面的干预能够影响企业决策，并实证得出政府补助抑制了企业销售业绩的增长。吴家曦（2015）以浙江省中小企业为例，探讨了影响中小企业成长的多维因素。其研究结果为：政策与行业、企业制度和企业家素质是促进中小企业成长的主要影响因素。吕明洁（2016）采用负二项回归模型，研究了产业政策对新能源企业创新绩效的影响，其研究结果表明：技术创新政策阻碍了新能源企业的创新绩效，此外，政策执行不力也会阻碍新能源企业的创新绩效。张鲁秀（2016）以百余家科技型中小企业为样本来实证检验企业成长的影响因素，研究结果显示：科技型中小企业成长机制分为外生与内生要素，且各要素对企业成长性的不同因子具有不同的影响。吉小娴（2018）将我国149家中小企业2015～2017三年间的数据作为研究样本，采用因子分析法及突变级数法进行企业成长能力评价研究，结果显示：我国不同中小企业成长能力评分数值差距很小，大部分得分集中在0.85左右，但是距离高成长性水平还存在一定距离。戴浩（2018）采用创业板2011～2016年251家科技型中小企业数据，从研发经费投入和技术人员投入两个方面检验技术创新投入在政府补助对企业成长影响的中介作用，以及市场化进程和要素市场发育程度的调节作用。实证研究发现：研发经费投入在政府补助对企业成长的影响中有中介作用，技术人员投入在政府补助对企业成长的影响中中介作用不明显；市场化进程越高的地区，政府补助通过研发经费投入对企业成长的影响越强，政府补助通过技术人员投入对企业成长的影响也越强；要素市场发育程度越好的地区，研发经费投入在政府补助与企业成长间的中介作用越强，技术人员投入在政府补助与企业成长间的中介作用也越强。郭强等（2019）发现，企业经营场所、财务资金、知识技能和资源继承等初始资源，为旅游小企业成长初期奠定基础；家族网络、社会网络和社会地位等社会资本在旅游小企业持续成长中发挥了重要作用；并从初始资源和社会资本组合的角度，给予旅游地小企业成长一种合理的解释，以期为地方政府和企业主提供一些建议参考。丁宇（2020）从企业价值观念和激励机制两个方面，阐明了创新型企业文化对企业成长的作用机理。并以Apple、Google、IBM三家创新领先企业为案例，实证分析创新型企业文化对企业成长的影响，证实了创新导向的价值观念和创新导向的激励机制是企业成长的重要途径。

综上所述，影响企业不断成长的因素大致能够分成外部因素和内部因素两类，其中外部因素包括企业所在的社会关系、政府政策的变化、市场供求关系的变化和知识环境管理，内部因素包括企业领导者的素质、企业内部资金管理、人力资源和工艺知识的管理。现阶段很多学者开始倾向于研究与企业成长相关的影响效应变量，并从变量研究中获取企业成长的能力提升元素。

1.3　内容与框架

本书提出以碳达峰碳中和为目标，以新能源产业持续发展为主要途径，以新能源企业为研究的主体思路，各部分具体内容如下所述（见图1-1）：

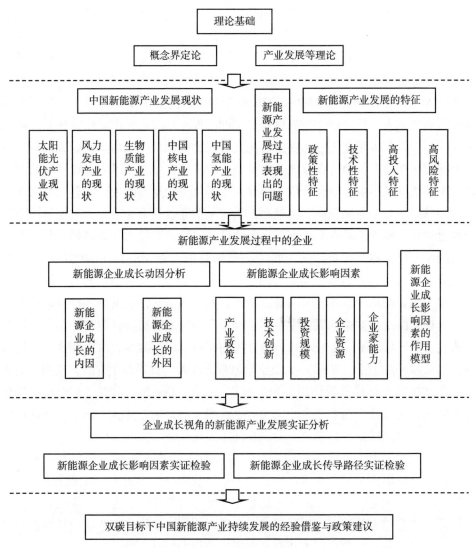

图1-1　研究结构

　　第1章，主要阐明研究的背景和意义，并总结了国内外现有的文献，提出了本书应用的研究内容和方法，并尝试提出本书的创新之处。

　　第2章，为本研究的理论基础。首先界定了新能源企业、企业成长和产业发展的概念边界，并阐述了企业成长理论、产业发展理论和产业政策理论在本研究过程中所起到的基础作用。

　　第3章，详细介绍了中国新能源产业的发展现状与发展过程中遇到的问题，并总结了新能源产业较于其他传统产业的不同之处，即其自身在发展过程中所表现出来的特征。

第4章，结合产业特征，分析了新能源产业发展过程中的企业成长，以及影响新能源企业成长的重要因素——产业政策、技术创新、投资规模、企业资源、企业家能力，并在此基础上总结出产业特征下的新能源企业成长作用机理和作用模型。

第5章为企业成长视角下中国新能源产业发展的实证分析。首先，根据前述对新能源企业成长影响因素的描述与分析得出：技术创新、企业资源、投资规模和企业家能力是影响新能源企业成长的重要因素，同时新能源产业政策在企业外部为企业的发展起到非常重要的保障作用，所以将新能源企业成长的计量模型设定为：$\ln zc_{it} = \beta_0 + \beta_1 \ln zg_{it} + \beta_2 \ln ky_{it} + \beta_3 \ln ddk_{it} + \beta_4 \ln dm_{it}$。其中，$t$ 为年份，i 为各新能源企业，β_1、β_2、β_3、β_4 为各解释变量待估系数，β_0 是待估截距。通过实证分析得出新能源企业成长的影响因素对企业成长的具体作用。此外，为了进一步研究新能源产业政策如何促进新能源企业成长，特对影响新能源企业成长的因素进行了传导路径分析。实证检验着重从企业资源、技术创新和投资规模三个方面来进行讨论，因为加入了对传导路径的探讨，所以对具体的实证分析模型更改如下：

$$\ln zc_{it} = \beta_0 + \beta_1 \ln zg_{it} + \beta_2 \ln ky_{it} + \beta_3 \ln ddk_{it} + \beta_4 dm_{it} + \beta_5 dm_{it} \ln ddk_{it}$$
$$+ \beta_6 dm_{it} \ln ky_{it} + \beta_7 dm_{it} \ln zg_{it}$$

其中，t 为年份，i 为各新能源企业，原有变量含义不变，新增的 β_5、β_6、β_7 分别表示产业政策通过短期贷款、技术创新、企业资源对企业成长的影响。从而得出新能源企业成长传导路径的实证分析。

第6章，借鉴了发达国家新能源产业发展的相关经验与启示启发。

第7章，为碳达峰碳中和目标下中国新能源产业的可持续发展提出政策建议。

第8章，为结论与展望，介绍了本研究所形成的主要观点与研究中存在的不足，并对未来的研究作出了展望。

1.4 研 究 方 法

1.4.1 文献研究法

通过对各类学术期刊、学术著作、专题研究报告等资料进行归纳分析、总结和探讨，以此为基础对碳达峰碳中和中国新能源企业的成长进行分析，结合实际得出完善中国新能源产业发展的政策建议与措施。

1.4.2　统计分析方法

统计方法是以概率论为基础，以随机现象为研究对象，运用数学模型，根据样本观察数据以推断总体的科学分析方法。由于本书要分析的是中国新能源产业的发展，需要进行大量的定量分析，而统计分析方法是解释相关现象、发现和寻找发展的规律性、推断发展趋势的方法。通过对中国新能源企业相关原始数据的分析，以确保对中国新能源企业实证分析的有效性，也为后面建立计量经济模型奠定了基础。

1.4.3　实证分析与规范分析相结合

实证分析是指关于研究对象是什么的研究，而规范分析则是指对于社会来说什么是最优的研究。本书从规范分析与实证分析相结合的角度，对中国新能源产业的发展进行研究。在回答"是什么"的基础上，提出中国新能源产业发展"应当是什么"，即提出完善中国新能源产业可持续发展的建议与措施。

本书相对其他研究的差异主要在于立足新能源产业的持续发展，在碳达峰碳中和目标下以新能源企业成长的实证分析作为依据，提出产业发展的政策建议。尝试创新之处大致在于：第一，主要对新能源产业发展与企业成长进行了不同视角的分析，尝试总结出新能源企业成长影响因素的作用路径与作用机理；第二，本书从中观视角出发，结合新能源产业发展的内外部因素，来构建新能源企业成长的作用机理与作用模型；第三，本书针对新能源企业成长的影响因素进行了实证研究检验与分析，通过面板数据检验了新能源企业成长影响因素的作用，并得出相应的实证结果，为新能源产业的持续发展提供政策建议，为顺利实现碳达峰、碳中和目标而贡献新能源产业的支撑作用。

第 2 章 理 论 基 础

本章主要对本书中涉及的主要概念——新能源企业、企业成长和产业发展进行界定，明确研究概念含义。另外，本章还将着重介绍关于企业成长、产业发展与产业政策理论，从古典企业成长理论和现代成长理论两个维度来阐释企业成长理论的发展及其内涵，并阐释产业发展与产业政策之间的关系，为后面的研究做好理论边界支撑。

2.1 相关概念界定

2.1.1 新能源企业

1980 年国际性可再生能源会议在联合国召开，此次会议更新了新能源的概念，即通过新工艺技术或以新资源材料为基础的方式，使得原有的可再生类资源能够以高科技的方式进行循环利用，以取代现有污染大且不可再生的化石资源。现阶段全球范围内主要进行的可再生能源研究包括潮汐能源、核能源、地热能源、风能源、氢能源和生物质能源。相比传统的常规类能源，新能源往往并没有得到较大程度的开发和利用，处于正在开发和正在大规模普及的状态，而常规类能源更多是指开发技术基本成熟，利用规模较大的能源。新能源和传统能源都是能源，只是从开发时间而言分为新和旧，新能源获得大规模开发、具备较成熟的开发技术后，也会逐步归为旧能源。新能源的特征包括：具有可再生性且储量丰富；污染小，对生态影响小；密度低，开发空间要求高；开发成本比旧能源高，需要的匹配技术较强。由此可见研发新能源不仅充满着时代机遇，也面临着技术和资本困难。本书探讨的新能源主要包括核能源、地热能源、风能源、太阳能氢能源和生物质能源等，本书中所认为的新能源企业是指与新能源利用相关的，从事新能源开发、研发、生产、利用的产业上下游相关企业。

本书对所述新能源上市公司的范围确定依据《上市公司行业分类指引》①，即企业业务利润中，新能源业务不低于公司总营业额一半的上市企业，或企业业务板块的营业额占比均不足一半，但其新能源板块的收入为所有板块之首，且高出百分之三十的上市企业。为了本书研究的需要，在进行实证分析前，首先对新能源上市企业进行第一次筛选，即去除被特别转让（Particular Transfer，PT）和特别处理（Special Treatment，ST）处理的企业；其次由于本研究实证分析中虚拟变量的设置，排除了 2007 年之后上市的企业；最后按照新能源产业范围确定，选择企业作为本课题的研究样本点。

2.1.2 企业成长

成长（Growth）一词的概念来自生物学，意为有机体从小转大的发展过程。阿尔弗瑞德·马歇尔（Alfred Marshall，1890）作为新古典经济学派的代表，首先提出企业与生物有机体相同相似的理念，可以从小转大，可以逐步发展，可以生老病死，用成长来表达企业的生存、发展和衰亡情况是一种合适的拟人方式。而企业的成长则是在自身战略目标的指导下，去获得社会认可和利润，在市场环境中谋得生存与发展，并就自身的内部管理结构体系进行不断完善，使市场竞争力逐步加强。此外，企业在新创之后，逐步从弱变强，逐步优化变革，展现出成熟风貌，同时获得更好地与环境协调的能力，也是企业成长过程中的缩影。本书所述的新能源企业成长，不但遵循上述企业成长的一般论述，而且侧重于企业成长过程中内外部因素的影响，提出企业成长影响因素的作用，使企业能够明确如何将有限的资源投入到实践生产中获得更大收益，达到新能源企业加速成长的目的，从而助推新能源产业持续发展。

本书中，新能源企业成长更是指企业在相关影响因素作用下，通过创新形成良好的成长机制，通过提升企业的管理效率和运营水平，逐步提高企业的盈利水平和经济效益，通过丰富的人力资源与物质基础实现企业的加速成长。另外，从新能源企业角度来说，成长涉及的内容也包括对环境、资源、经济等方面，实现综合效益的提升和社会福祉的增加。

2.1.3 产业发展

众多学者专家结合古典经济学和现代经济学的内容，分析研究产业发展问题

---

① 为规范上市公司行业分类工作，根据《中华人民共和国统计法》《证券期货市场统计管理办法》《国民经济行业分类》等法律法规和相关规定，制定《上市公司行业分类指引》。

所涉及的内容较为广泛，包括竞争力提升、企业数量增加、生产经营规模扩大、产品价值提高、附加值增加和劳动生产率提升等。同时，研究者也立足于不同视角分析探究产业发展的问题，首先是外生性因素，包括金融服务、国家政策、制度机制和需求变化等；其次是内生性因素，包括产业关联度、产业融合度、产品技术创新等，这些因素都会影响产业的发展。

本书认为对于新能源这类新兴产业发展的核心为产业发展早期的产业政策和制度机制，及其营造的市场环境会影响产业发展，产业内企业的技术创新是重要的影响因素。熊彼特是创新经济学的创始人，他指出产业发展演化的内源动力是技术创新，获得了众多学者专家的认可和支持（赵玉林和徐娟娟，2009）。随着产业的发展，必然出现一些全新的特征，这些特征会转变为影响因素，如关联性和集聚性等。产业集聚后会出现溢出效应，是产业发展的重要推动力；产业创新形式包括融合，融合后的产业会出现复合经济效益，起到重要的推动支持作用；关联度会增加不同产业的内在联系和出现双向非线性作用。金融支持为产业内企业的经营发展解决了资金难题，同时可以有效控制和分散风险。市场需求确定产业的盈利渠道和盈利方式，在市场竞争过程中，根据顾客需求的变化进行研发创新，会促进产业的快速发展。

此外，可持续发展的核心内容是产业可持续发展，要合理开发、利用资源和保护生态环境，从低级发展逐渐过渡到高级发展，这就是产业发展的演变规律和变化过程，符合可持续发展理论的观点。实施可持续发展战略时，能够加快产业结构的优化升级路径，制定产业政策和选择路径，会直接影响产业可持续发展战略的落实情况和实践效果。产业可持续发展涉及内容较多，与经济社会可持续发展有共通之处，产业建设发展过程中，根据环境资源的承载能力确定产业发展路径，建立长期发展目标，能够满足当代人和未来群体的生存发展需求，实现产业的可持续发展。不断创新科学技术，提高资源利用率，实现资源的循环利用和清洁生产，才能保证产业发展的均衡性和持续性。总的来说，结合产业演变过程和发展规律，产业内企业持续动态更新和成长发展的过程，也可归类为产业的可持续发展。结合可持续发展理念，逐步提高知识密集型产业和环境产业的市场地位，注入更多的发展活力，将这些产业逐渐转变为主导产业。

2.2　企业成长理论

企业成长理论最初的研究方式是线性研究和简单研究，随着时间的推移和技术的成熟，逐步转化为非线性研究和复杂化研究，研究结果更契合成长本质。企业成长理论的研究演化过程立体化地阐述了研究人员对企业成长的认识，并更好地揭示了企业成长的本质特点。

2.2.1　古典企业成长理论

古典经济学和古典制度经济学是研究企业成长理论早期的理论内容，由于技术和研究的局限，大多数研究人员将企业的发展视为生产函数，属于在市场经济背景下的被动成长。彭罗斯首先提出资源理论和能力理论相结合的概念，从企业内部分析影响企业成长的因素，并认为企业的成长是主动的动态过程，是资源、能力和企业本身之间相互作用的结果。

2.2.1.1　古典经济学企业成长论

古典经济学对于企业成长的研究，主要使用了分工原则和规模经济的概念，以创始人亚当·斯密、著名学者马歇尔和斯蒂格勒为代表的古典经济学派认为生产的分工会推动企业的产生和发展，并形成行业内企业数目的增加，而经济需求会使得企业在发展过程中进行规模扩张。

亚当·斯密（Adam Smith，1776）在其著作《国富论》中率先提出社会分工理念，他认为社会分工带来了企业的新创、生存和发展，企业是社会分工中的以获得利润为目的存在的一种组织，社会分工推动了生产力发展，也使得企业在社会分工背景下呈现勃勃生机，而社会分工的程度影响企业的成长过程，但亚当·斯密并没有对普通的社会分工和特殊的企业分工进行研究，也并不重视外部环境对于企业成长的影响。随后经济学家马歇尔（Marshall，1890）引入企业领导者寿命、外部环境影响和市场竞争压力三大要素，认为领导者的寿命会对企业的发展造成波动，环境影响能够为企业创造发展空间或是压缩企业的生存空间，市场竞争压力可能会带给企业消极影响，进而约束企业的成长。斯蒂格勒（Stigler，1951）基于企业功能划分，对企业的发展和竞争进行了全新角度的分析，指出社会分工在产业初期能够推动企业成长，这主要是由于市场竞争压力小，行业氛围良好；行业分工逐步细化后，随着时间的推移，企业的数量明显增多，压缩了彼此的生存和发展空间。因此企业的成长与市场环境息息相关，企业成长离不开与产业发展的匹配。国内经济学专家王德忠（2002）十分支持古典经济学理论，认为企业成长和企业规模扩大基本相同。

2.2.1.2　新古典经济学企业成长论

相比传统的古典经济学派中的企业成长理论，新古典经济学通过最优决策的角度，更重视研究自然人的行为，通过规模经济和边际均衡的方式对企业成长理论进行综合分析，因此，新古典经济学对于企业成长的研究理论又被称为规模调整理论。该理论认为企业对利润的追求是企业获得不断发展的潜在原因，在利润最大化和自然人目标等前提假设下，将企业成长可类比于生产函数，其最终的成长目标是通过边际均衡的方式对企业内部进行动态优化组织，提高企业的整体市场竞争力，进而取得最大化经济利益。

新古典经济学研究理论中对于企业成长的研究，主要是基于规模调整，即通过调整内部产品，实现优化战略的过程。在构建的企业成长模型中，劳动要素以字母 "L" 代替，产量要素以字母 "Q" 代替，MC、MR 和 TP 分别表示边际成本、边际收益和生产三种函数曲线。当 MR = MC 时，由于对于经济利益的最大化追求，企业通常会进行合理的生产规模变化，只有当外部环境出现明显转变时，企业才会调整现有的生产规模。通常环境变化会促成企业的成本投入变少，进而保证企业获得进一步发展。温特和纳尔逊（Winter Nelson，1982）指出企业的最终战略目标是获得最大经济利益，在信息对称获得的前提下，会自然而然地选择最为合适的规模生产。国内学者张维迎（1994）认为新古典经济学指出的企业的自我判断和生存能力，是建立在和谐稳定的市场环境之下，或者说只有在稳定的外部氛围中，企业才能够获得可观合适的利润，但市场环境往往并不理想，例如转型国家的企业就不适合运用新古典经济学的理论进行实际分析。由此可见支持新古典经济学的研究人员都认为外生因素才是企业的真正成长影响因素，市场呈现出对企业的支配作用，企业规模受到外部环境的制约。新古典经济学的研究思路主要是静态化研究，并不能完全揭示企业成长的影响因素所在。

2.2.1.3　新制度经济学企业成长理论

新制度经济学的诞生基于原有的理论总结和对古典经济学研究理论的分析和继承，企业成长的研究因此也走上新的台阶，企业由于不能及时获得市场对称信息，在缺乏资源和存在竞争压力的基础上，企业的发展会受到各种影响因素的制约，交易成本在市场环境中呈现越来越重要的地位。新制度经济学对于企业成长的概念进行了扩大，认为企业成长能够逐渐代替市场环境，企业成长的潜在推动力是交易资本的节省和引入新的市场行为，进而使得企业规模变得更大，即对企业边界的分析等同于对企业成长的研究。

科斯（Coase，1937）是新制度经济学的创始人，他总结了企业在生存和发展过程中影响企业规模壮大的两大主要因素：企业在市场中的运作需要一定的成本，企业需要降低这种成本以获得更多的经济利益，促进规模扩大；企业市场运作费用的降低将会相应地增加企业内部控制的投入，而市场运作费用和内部控制的投入对于企业规模的大小具有绝对影响力，当两者相等时，企业规模才会呈现最优化。科斯还提出有些研究人员认为竞争市场中的向上倾斜成本曲线会约束企业的发展，实际上是不正确的。黄有光和杨小凯（1993）对科斯的理论进行了一定补充，如果交易所获得的利润较交易费用的持续投入更多，那么企业和市场则实现了共同成长。事实上科斯虽然对企业的生存和发展过程提出了更为科学的阐述，但并没有脱离静态化研究，没有将企业与外部环境之间的关系通过动态化的方式进行完整研究，仍然局限于线性思维之下的机械性分析。威廉姆森（Williamson，1975）随后通过资产专用性角度对企业成长的整体性进行深入研究，从资产专用、交易效率和不稳定性三维度对企业的边界界定和交易费用进行了重新定义；首先提出有效边界理念，认为企业与企业之间由于彼此信息的不对称，只能通过合约形式进行合作，由于合约签订过程中存在不完全性，因此企业必须通过纵向一体化解决其专用资产缺乏的困难，也就是说企业成长可以看作是企业内部通过优化管理、消化市场交易带来的成本增加的过程。威廉姆森的理论表明对于企业状态的判断，可以采用资产专用性进行分析，并预测企业未来的发展潜力和可能存在的危机隐患。

在实际研究过程中发现，纵向一体化在企业发展过程中的运用还会受其他项目的影响，张五常（1983）指出虽然市场和企业可以具备较高的替代程度，但并不等同于企业的新创、生存和发展的目的是在未来取代市场，事实上企业的成长只能不断取代市场运作中的中间环节。此外非完全契约的研究过程中，对于剩余控制权的概念定义也十分重要，格罗斯特（Gloucester，1986）将财产控制权一分为二，归类为剩余控制权与特定控制权，剩余控制权是所有权的附属品，在财产控制中非特定控制权之外的权利都可以看作剩余控制权的范围。哈特（Hart，1956）在此后的研究中进一步关注企业资产的所有权成本，并指出纵向一体化在企业中的实施与企业实际控制人专用资产的比例息息相关，其中专用资产包括物质和人力两方面。

2.2.1.4　企业内生成长理论

古典经济学侧重于通过规模发展和社会分工对企业成长进行研究，新古典经济学则更倾向于通过规模调整和交易成本与内部管理成本之间的关系，对企业成长的影响因素进行分析，这两种研究理论的研究方向主要从外部因素着手。彭罗斯以单一企业为研究案例，率先从企业内部对企业成长进行分析，他的研究方向受到很多学者的推崇和继承，逐步发展为企业内生成长理论，该理论的研究角度主要是资源和能力。

20 世纪 80 年代起，彭罗斯逐渐提出基于资源观的角度对企业成长进行实地分析，李嘉图的资金定律可以被视作资源观研究的基础所在，彭罗斯等支出企业的竞争优势可以来自其内部的稀缺资源，并通过资源优势获得更多的经济效益，这种稀缺资源可以看作市场环境中具备特点的、能够帮助企业提高市场竞争力的企业独有资源。

彭罗斯（Penrose，1959）指出对企业生存和发展具有决定性影响的是企业内部因素，并通过单个企业为研究案例，构建出资源、能力和成长三者之间的研究模型，并认为企业是自身物质资源、人才资源、资金资源和组织资源的管理结合体，这些资源不仅能够帮助企业在激烈的市场竞争中获得优势，也是企业持续成长的前提所在。同时，企业的资源丰富程度直接决定了企业的能力大小，而企业的能力大小与企业的规模扩张、利润获得和市场适应能力等有着相关关系，换而言之，企业的成长路径，受到企业所掌握的资源以及对资源的利用率的影响。彭罗斯还指出企业的规模拓展受到两种因素的影响，即企业拥有的内部资源与企业所处的外部环境情况，她认为企业所拥有的资源对于企业的战略调整和战略实施有着制约作用，同时相同的资源在不同的企业中，能够发挥出不一样的作用，对企业获得的绩效也有不同的影响力。彭罗斯在静态化研究资源作用后，提出动态化分析思路，通过资源、能力和成长三者关系的模型构建，将企业成长的推动力归结为企业资源，并认为企业资源不但能够影响企业的管理、生产和销售，也影响企业的风险程度。综上所述，在彭罗斯的理论中，资源是一种综合性产物，资源的吸收和利用过程，是企业成长过程的缩影，企业的生存和成长受到外部因素的影响，当企业产生了进一步生产的需求思维后，由企业所拥有的资源进行落实和推进，而企业的发展也实现了积累更多资源的可能性。

其他研究人员对于资源观理论也进行了单独分析，沃纳菲尔特（Wemerfelt，1984）认为企业具备市场优势、获得利润和扩大规模的缘由，是重视内部资源和知识的整合、吸收和优化。巴尼（Barney，2001）认为企业的人力、资本、组织、信息、知识和社会关系等都属于企业的资源，只要对企业独有的、不易复制的、有价值的资源进行利用，企业就能在市场竞争中保持持续优势。迪克斯（Dieriekx，1989）认为企业的资源累积，与市场交易和市场环境并无关系，企业可以通过资源吸收和利用，为企业带来更多的经济利益。科斯（Coase，1937）则认为企业对于自身资源的合理分配，能够帮助企业降低生产成本，而这种合理分配建立在企业内外交易成本等同的基础上。赫尔法特（Helfat，2000）在前人的研究基础上，扩大了企业资源的定义，并认为在企业成长过程中最为关键的资源是企业所拥有的知识资源，知识资源可以看作企业战略发展过程中最需要积累的资源。张林格（1998）通过构建企业成长的三维模型，就竞争能力资源、规模优化和事业结构三者之间的关系进行了深入总结和分析，并认为企业规模的扩大能够带来竞争优势的加强，但超过最优规模后，所带来的竞争优势反而会降低。

相对于彭罗斯为代表的资源观理论，普拉哈拉德为代表的学派提出了能力观理论，即企业通过知识转化，形成核心能力的增强，进而使得企业的生存能力更为强大。普拉哈拉德认为企业的稳定是发展的前提，企业的核心能力会随着时间的推移逐渐提升，能够更好地促进企业的发展和产品的更新，并形成不易为其他企业所参照的独有竞争力。能力观理论对于企业成长影响因素的研究过于局限于内部影响，缺乏必要的外部影响研究，同时在长时间的研究过程中，并没有真正地对核心能力进行概念确定。

研究人员在其后的动态化研究过程中，逐渐发现核心能力会随着外部环境的变化逐渐失去原有的价值，因此企业必须同样具备对外部环境变化的适应能力，蒂斯（Teece，1997）提出动态能力的概念，认为企业必须通过内外资源和知识的整体优化，获得适应外部环境的能力，进而逐渐形成动态核心能力理论。熊彼特（Schumpeter，1934）认为动态能力研究过程中，外部环境存在着极大的不稳定性，是时刻变化的，因此企业在成长过程中必须时刻具备较强的动态适应能力，才能使得其资源能够在不断变化中获得转化和积累，进而保证企业能够在恶劣的市场环境下获得竞争优势。

在能力观理论的不断研究继承过程中，研究人员对于企业成长的研究成果也不断积累，并获得越来越多的实践论证，这些研究结果对于企业成长有着十分重要的借鉴意义。核心能力论过于重视内部因素研究，忽略了必要的外部因素研究，而动态能力论虽然引入了外部因素的研究，但并没有落实于具体的概念实践中。

2.2.2 现代企业成长理论

随着时间的推移和企业规模的扩大，学术界逐渐认同生产函数并不能完全研究企业成长的概念，企业成长具备更为复杂的运作机制，此后学术界对于企业成长的研究引入动力学、复杂性科学等概念，使得企业成长从原有的线性研究逐步转为多元化研究。

2.2.2.1 企业成长过程理论

学术界在对企业成长的持续研究期间，诞生了企业成长过程理论，该理论通过研究企业在不同发展时期的特征和路径，得出各时期的影响因素，此理论将企业视作为生命体，将企业成长等同于生物成长，是企业成长研究过程中的新篇章，此后学术界对于企业成长的分析，基本都基于生物学成长曲线视角。

葛雷纳（Gereina，1972）将企业成长分为五大时期，即创业时期、指导时期、分权时期、协调时期和合作时期，并对组织年龄、组织规模、企业演变、阶段概念和产业成长进行了要素模型构建，指出企业在不同的成长时期会遇到不同的风险危机，企业想要成功进入下一时期，必须克服现有面临的风险危机，而企业的克服能力受到企业转变优化能力的影响，企业领导人的能力、企业知识创新能力和内部管理能力决定了企业转变优化能力的强弱。葛雷纳的研究不光重视内部环境中的动力源，也注重外部环境对企业的推动作用。丘吉尔和刘易斯（Churchill and Lewis，1983）的研究过程基于规模和阶段两个视角，提出企业成长必须通过各个发展阶段的假设，进而构建出研究模型，但这种研究模型缺乏必要的对企业新创时期的研究，片面地依靠企业生产销售量作为企业规模大小的判断，忽略了企业产品和技术转变等复杂的产业链附加值，因此只适合大型企业的成长研究。对于小型企业的成长研究，丘吉尔和刘易斯采用纵坐标模式，将规模、多元性和复杂性作为参照指数，进而采用组织结构、管理风格、战略调整、系统拓展和企业实际经营者对企业的重视程度五个因素对纵坐标进行进一步表述，划分出小型企业的成长路径阶段，并认为在每个阶段企业都可能会面临失败，只有充分利用已有资源、提高成长意识并加强动态转变能力，才能获得健康成长。爱迪斯（Adizes，1997）指出企业与生物学个体一样，都拥有自身的生命周期，而企业的生命周期可以通过三个阶段进行阐述，即成长、成熟和老化。他指出钟形分布是企业合理的生命周期，企业在各阶段生存中都会面临停滞和死亡的威胁，并且企业衰亡的影响因素主要是企业的灵活程度和控制程度，而并非规模的扩大和时间的推移。爱迪斯的研究充分阐述了企业家对于企业成长的重要性，并创新性地提出了三大成长阶段，但其理论同样忽略了外部环境对于企业成长的影响，仍属于内部影响理论的一种。

综上而言，所构建的模型具备的特点包括连续、递进和不可逆，但企业的衰亡并不能确定其处于哪个成长阶段中，因此属于不确定的非线性活动，大部分研究都认为企业的成长面临新创、再生、成熟和衰亡等阶段，企业在遇到成长困难的时候，只有积极求变、主动改善、加强动态适应性，才能避免危机的到来。

自企业生命周期理论被引入我国学术界后，国内研究人员也对此进行了深入研究，并结合国情得出一些宝贵结论。陈佳贵（1995）在研究过程中将企业分为大中型和小型两种研究模型，并对企业的成长周期剖解为六个时期，这六个时期包括孕育、求生存、高速发展、成熟、衰落和转变，在实际研究过程中，陈佳贵基于研究视角，将企业分为欠发育型（即 A 型）、正常发育型（即 B 型）和超长发育型（即 C 型），其中 B 型为主要类型，大部分都是由小型企业开始，经过高速的发展，具备成为大中型企业的潜力，在成长过程中若能克服风险，就有可能保持持续的市场优势，扩大自身的规模。这种研究模式脱离了生命约束，也不同于寻常的三段式生命研究模型，肯定了企业在成长过程中表现出的主动性，为企业能够突破自身瓶颈，获得进一步发展做出了必要贡献。

李业（2000）在综合总结了爱迪斯和陈佳贵的部分理论后，修正并提出了新的纵坐标体系，即以销售额为主要参照的新生命周期模型，并在模型中的成长阶段加入了衰落关系，包括新创时期的困难、发展时期的管理滞后、成熟时期的战略决策和衰亡时期的活力缺乏等，李业的模型论证了企业成长并非线性研究，而有着明显的非线性特征。韩福荣和单文（2002）也通过三维模型，进一步阐述和论证了企业的生命周期理论。吕忠来和许晓明（2002）指出评估企业成长的要素在于规模和非有形资产的价值，并对成长时期的划分进行了明确，在模型构建中引入非有形资产的概念，使得创新型企业和高新技术企业的成长研究具备了理论基础。章卫民等（2008）以中小型企业为主要研究对象，将中小型企业的生命周期阶段分为种子阶段、新创阶段、成长阶段、成熟阶段和蜕变阶段，高松等（2011）也进行了类似的研究，将企业的生命周期阶段分为种子阶段、新创新段、发育阶段和成熟阶段，并通过大量的实践论证，指出企业在不同时期，对于市场变化和内部结构的关注程度并不相同，但对于社会支持、战略规划、人力资源和生产服务等要素的关注程度基本保持一致，对于与企业相关的影响因素的关注程度不一，是企业具备不同特点的关键。此外另有研究人员通过企业生命周期理论的角度，对企业在各个生长阶段所需的资本管理、人力管理和组织管理等进行了分析，这些研究人员包括林燕燕等（2010）、杜跃平等（2011）、高中秋等（2010），随着时间的推移，对于企业成长周期的多样化研究，学术界更重视于实证应用的补充。

2.2.2.2 系统动力学视角下企业成长研究

在企业成长的研究过程中，系统动力学视角研究逐步为研究人员所重视，并作为研究企业突破自身瓶颈，通过转换和提高获得继续成长的理论基础。

福瑞斯特（Forrester，1961）首先将系统动力学理论引入企业成长的研究体系中，并创新性地提出企业成长的研究可以以系统动力学的角度进行推理和分析，并构建出完善的系统动力学和企业管理学与企业成长之间的模型，为此后学术界的研究提供了理论模型。圣吉（Senge，1990）在福瑞斯特的研究基础上，构建出九个复合企业成长和系统动力学关系的基础模型，其中包括成长与投资不足、成长上限和舍本逐末三个创新性模型，认为在成长上限的研究中能够帮助企业更好地获得动态转变和智能调节；舍本逐末的研究可以缓解增强环路和调节环路之间的相互作用，合理分析两个环路的强弱，使得企业能够通过症状解来赢得更多的转变时间，进而能够找出根本解，使得企业获得持续成长；成长与投资不足的研究立足于成长上限研究，并结合了投资不足的基础模型研究，并指出企业在成长上限危机中，应加强投资，进行动态转变，力求突破瓶颈，而并非通过减缓成长以面对受限困难。圣吉在构建基础模型的同时，对各模型提出了相关对策，这些模型和对策对企业成长的研究有着重要理论意义。

国内学者总结国外对于企业成长的研究文献，并结合我国国情，也提出相关研究模型。林泉（2002）在圣吉对于投资不足基模的分析基础上，将研究对象锁定于民营企业，并对其成长上限进行深入研究，指出民营企业的成长受到融资环境、内部管理体系和市场供求关系的影响，企业寻求突破的关键是找到根本解。杨文斌（2006）在对企业成长的研究过程中注重动态角度，并建议通过构建系统将与企业成长相关的所有影响因素进行组合关联，形成一个具备整体性的非线性研究系统，并在圣吉的研究成果上提出企业的发展离不开反馈，而这种反馈只有不断加强，才能保证企业不因内外部环境的影响而面临成长制约，相比前人的研究，杨文斌提出企业的发展和衰亡都可能由增强环路造成，并且调节环路也一样可以既有制约功能也有促进发展的功能，这两个环路之间的相互作用关系是企业能够实现成长突破的关键。企业的发展依靠自身反馈体系的完善程度，包括正反馈的内部促进类和负反馈的外部限制类。胡斌等（2007）通过构建反映动力学与企业生命周期之间关系的模型，进一步论证了系统动力学可以对企业成长进行分析，并指出企业在发展过程中，其内部推动力会逐步增强，适时地对企业战略进行改动可以加强企业适应环境的能力，在相关因子和因果回环的互相作用下，降低企业由于惯性增强而造成发展僵化的可能性，从而保证企业能够突破上限，获得更为长久的发展空间。张玉明等（2009）在研究过程中构建了包括 79 个回路的模型，发现新能源企业的发展关键在于对内部系统和外部环境的反馈，即非线性时间反馈，并得出最终结论：对于新能源企业的成长而言，主要推动力是内部管理体系，外部环境中的机制是企业成长的必要补充，两者都有着非常重要的作用。李建刚（2014）尝试运用系统动力学的原理与方法，构建创新型企业成长动力机制的系统动力学模型，并在此基础上分析创新型企业成长动力相互作用机理。裴梦丹（2016）围绕创业周期将企业的孵化过程解构为萌芽期、成长期与成熟期三个阶段，并据此构建了三阶延迟的系统动力学老化链与协流模型。通过对模型的仿真与测试，结果表明单纯增加企业孵化资源的投入虽然有效促进了在孵企业数量的增加，但并没有带来企业孵化收益的大幅提升。

2.2.2.3　复杂科学视角下的企业成长研究

在企业成长的研究过程中，学术界逐步发现原有的线性理论并不能真正解释企业成长的内涵，包括协同理论、混沌理论、分型理论、突变理论和好散结构理论在内的复杂性科学，被逐渐作为一种普遍采用的分析思路，在各大研究领域中发挥自身特色，其中也包含企业成长。对企业成长进行研究的学者发现复杂性科学能够对研究进行帮助，这是由于线性科学并不能作为主要的研究线索，而企业本身也是一种综合性较强的复杂系统，因此对于企业成长的研究必须归于复杂性科学的研究范畴中。

耗散结构理论是由普利高京（Prigogine，1969）首先提出的理论概念，是指在具备开放、脱离平衡、同时既能进行正反馈又能进行负反馈的系统中形成一种自我稳定的结构，在该理论的基础上，任佩瑜（2001）、石修松（2006）先后提出管理熵和管理耗散结构的定义，石修松（2006）认为在外部压力之下，耗散结构会与企业之间形成竞争与依存的关系，并最终形成一种开放性的复杂非线性系统。

混沌与分形是指系统中存在无序、有序有律和无序与有序互相补充的现象，这种随机性现象包含了非线性、层次化和自相似的特点，陈忠等（2005）认为这些特点能够作为结构、信息和功能等的研究，并认为可以将之落实于企业成长的研究，这主要是由于传统的线性研究模式并不能完全作为现阶段复杂社会现状的主要分析方式，更为复杂和科学的混沌型理论将会在学术界得以推广。野中郁次郎（Ikujiro Nonaka，1988）在对于日本企业成长的研究过程中发现，运用混沌理论可以更为贴切和明确地对复杂现象进行解释，因此提出混沌和分形理论能够作用于企业成长研究中。国内学者刘洪（1998）、范如国（2002）认为混沌和分形理论适用于不确定的复杂环境中，为企业成长领域提供了新的分析角度。张玉明等（2010）也赞同对于企业成长的分析，应主要通过非线性的方式进行，这主要是由于企业的新创、发展、成熟、再生和衰亡都是复杂行为，企业可以通过自我调节和自我组织，为适应外部而做出转变和突破，进而努力保持自身的竞争优势和发展态势，企业保持持续发展的原动力是企业的内生，外生是企业成长的补充条件，这些企业成长路径都是非线性理论所适合的研究领域。万良杰等（2005）通过构建混沌模型，将企业的发展规律置于复杂条件之下，并将企业的人力、活动、战略、体系和知识融入模型之中，通过复杂的关联和演化，获取所需的成长规律，这种研究方式将企业成长从相对平衡逐步转变为近平衡形态，最终达成远平衡形态。韩志丽（2006）认为非线性的适应系统适合研究高新技术企业的成长路径，将风险投资、新创孵化、技术创新、虚拟制造和自然人五项因素组合，构建出研究所需的立体网络组织，在动态平衡研究中采用负熵作为企业成长的研究切入点，并通过保持其与中熵之间的平衡，得出企业在混沌状态中的意义所在。陈香堂（2010）以温州市的企业作为研究对象，认为温州企业具备一定的组织系统能力，受市场影响较少，即使没有外部市场指令，也可以实现高级有序的自我生产和发展，并通过发展和演化，形成温州企业整体促进的结果，在研究过程中通过对不断交替的影响企业成长的因素进行总结分析，指出温州企业在主导因素的交替变化中能够保持复杂的演化和稳步的成长。王毅等（2007）将非线性理论与动态核心理论结合，对企业的动态自适应系统进行分析，对企业的能力和载体进行阐述，并运用图像分析法论证企业内部存在相互作用的两种系统，即合法系统与影子系统，这两种系统能够促进企业的技术创新和战略调整。在传统的线性研究和还原论研究逐渐被学术界抛弃后，复杂性理论成为企业成长理论的主要研究方向。

在持续的研究过程中，研究人员发现企业成长的非线性和企业的自身转变能力以及外部环境的变化，都无疑表明了对于企业成长的研究不能通过传统线性角度完成，企业在生存和发展过程中表明了明显的生命周期迹象，因此最终的研究过程将上升至复杂性，非线性的研究方式适用于对企业成长路径的研究。马若鹏（2006）认为在复杂视角下能够对企业各个时期的行为和变化作合理解释，包括企业在成长过程中的外部压力之下促进企业内部组织实现转变，以适应外部知识、信息和管理的要求，进而保持企业的竞争优势。杨淑娥（2006）认为在企业内部实现要素和系统、知识和信息之间的交流，是企业内在机制的作用体现。刘德胜（2015），把创新型中小企业看作生命体，用网络的形式对企业这个复杂系统加以描述，运用复杂网络科学理论解析了企业成长基因这一关键命题，揭示了企业基因作用下的企业成长过程。并且利用多主体建模方法，模拟了创新型中小企业成长的动态演化过程，分析了一般市场环境、技术环境和政策环境变化对企业成长的影响。

2.2.2.4　生态学视角下的企业成长理论

学术界对于生物栖息环境和地区的学术研究统称为生态学，海克尔（Haeckel，

1866）指出在生态系统中存在着对立机制，即要素与要素之间既合作又竞争，因此企业成长也可以通过生态学角度进行研究，生态学理论适用于企业成长的研究领域。

穆尔（Moore，1996）在商业生态系统中认为企业是系统中的一部分，其与外部之间的关系是动态关系，企业在进行自我调节和战略目标制定时，应充分考虑外部环境的影响，尽量使得企业的成长契合整个行业的共同进步。牧野成史（Makino Shige，2004）基于组织生态理论，着重研究政府对于企业发展的影响，并认为国家的宏观调整是影响企业成长的关键因素之一。

顾力刚（2007）对企业生态演化及其演化特点进行了详细论述，从单个案例起，构建整体企业生态演化规律模型。潘峰等（2005）侧重研究中小型企业的生态演化，以昆虫作为比拟视角，进行对企业单独发展和集群发展的两种研究，认为高新技术型的中小型企业的成长具备生态演化特征和生命周期阶段特征，并且在成长过程中随时可能出现影响因素的转变，因此研究过程应基于数学生态理论。宋阳等（2004）基于生态学理论，对企业和企业所在环境之间的互作用关系进行分析，认为企业的成长受到企业内部结构、社会关系、自然环境和经济实力的影响，企业在各生命阶段的发展过程中，正确定位自己在环境中的位置，主动求变以适应环境变化，都可以帮助企业获得更为长期的发展。王宇露等（2006）提出"生境"概念，认为企业属于类生命体，企业内部管理和组织是生命体中的系统，例如信息系统等同神经系统、会计系统等同血液循环系统，并以此研究企业成长受到环境影响的大小，这种极具创新性的理念使得研究过程中更为合适地对企业成长进行再定义，且能够推广至某行业或某产业中的整体企业研究，其外部生态环境中的因子都能够对企业的生存和发展造成综合、不可逆、互补、非等价和层次限定性的影响。张玉明等（2010a；2010b）从仿生学理论出发，对新能源企业的成长进行更为深入的研究，认为企业的成长过程中必须要包括三个反馈回路，即对外回路、对内回路和子系统交叉回路，这些回路能够实现交互作用，并通过持续的反馈，保证企业能够发现自身缺陷并进行动态改进，进而完善企业的管理体系，此外还能够依靠反馈之后的系统信息，判断企业内生机制的完善程度。黄群慧（2013）认为在制度变迁影响国有企业组织转型的过程中，当国有企业已经被放到市场中作为自我发展的市场主体时，如果生态位未能及时调整，组织转型将呈现脱耦特征，国有企业也将因安于现状而失去持续成长的动力。梁强（2017）明晰了在一个创业生态系统中带有不同阶段初始印记的新创企业在相互竞争生态位过程中的不同成长路径，并引致企业整体（种群）层面的演化。

以上的研究角度都属于非线性层面,现阶段对于企业成长的研究已经逐步从原有的线性研究升级为复杂性和系统性研究,复杂性理论和系统性理论对于企业成长的研究而言有着一般适应性,同时肯定企业的成长过程与生物的生命过程有着相似之处。

2.2.2.5 仿生学视角下的企业成长理论

随着时间的推移,企业成长理论也逐渐得以完整和丰富,学术界更多地将企业作为自然生命体进行分析,企业的创始人不仅构建了企业的内部结构组织,也为企业的未来战略规划作出定位,因此企业的成长受到人的主观影响,进而使得企业成为一种仿生物,企业被当作自然生物体进行研究,是企业成长理论研究过程中的新篇章,也是简单的线性研究迈向非线性研究过程中的关键一步,自此研究人员更多地关注企业与生命体之间的关系,企业的生命周期及各个生命阶段的特点、求变能力和影响因素。

研究企业所存在的生命体系,并基于生命体原理对企业的内部组织进行分析总结,进而对企业的成长提出相关对策的管理科学被称为企业仿生学,该学科属于企业管理和生命科学交叉作用下形成的新兴学科,其研究范围有七大元素,即思想、机构、人事、经营、机制、信息和免疫,这七个仿生元素构建成了企业仿生学的主要结构,并依托以下研究方法进行深入探讨:第一是剖解法,将企业的内部组织和生命系统进行对应分析,找出各自的参照对应物,进而逐一分析;第二是归纳法,将企业和生命体之间的异同点进行归纳,通过基础物质和结构功能之间的同源性和互作用性,形成企业成长研究的新角度,并推演出企业基因学理念,认为企业的生存发展和自身转变和生命体的新陈代谢有着异曲同工之妙;第三是综合研究法,通过现代化研究方式,对仿生学中的横向学科和综合知识进行交叉性的分析研究,例如在研究过程中引入和借鉴进化学、经济学、生物学、心理学、社会学、分子生物学、逻辑学、行为科学、遗传学、市场营销学、管理学以及哲学等,正是由于企业仿生学涉及的学科非常多,因此其阐述的内涵内容也十分庞大,利用企业仿生学对企业成长进行研究,能够更为贴切合适地获得具有实践意义的研究成果。企业基因学是企业仿生学中的主要分支,该学科认为企业可以被看作具有基因特点的类同于其他自然生物体的本体,企业的基因能够帮助企业获得更好的发展,并通过动态转变,使得企业能够保持市场竞争优势。企业基因学的议题包括基因组织、基因作用和基因机理,研究人员从三个议题着手,对企业基因学的概念、特点、作用和意义进行研究,随着研究的深入,获得有价值的研究成果,特别是指出企业不光属于自然生物体范围,也具备主动判断外部环境，积极求变并获得更强生存发展的能力，这些特征表明企业能够相似于自然人。企业基因学的研究成果，进一步拓展了企业成长理论的研究视角，为未来更为综合性的研究奠定了基础。

2.3　产业发展理论

产业发展理论主要包括产业生命周期理论、比较优势理论、结构演进理论，主要阐述产业发展的动因和产业发展过程中的规律。

2.3.1　产业生命周期理论

众多学者专家分析研究产业生命周期问题，并获得大量的研究成果，重点分析探究不同产业阶段和产业生命周期性变化与企业经营决策和战略发展的内在联系和影响机制。约翰（John，1990）根据产业生命周期发展阶段的差异，建立了理论模型，分析探究企业竞争力的变化情况。

产业生命周期是综合考虑产业发展情况的定性理论，并不强调差异化的企业和产品。根据产业生命周期理论的相关内容，确定生命周期的划分标准，分别为初创、成长、成熟和衰退阶段。新兴产业强调先进科技，该类产业的生命周期由初创、引入、蓬勃发展和成熟发展期构成。众多学者专家分析研究这一问题时，皆认同和赞同这一理论，如弗农（Vernon，1979）、格莱迪（Gledi，2002）、克莱伯和阿加瓦（Kleiber and Agava，1996）等。现有的理论研究成果并未准确界定产业、产品、技术生命周期的不同概念，众多学者对这些概念的界定和理解各不相同，经常出现交替使用和错误使用等问题。众多学者专家分析论述产品生命周期（Product Life Cycle，PLC），获得大量的理论研究成果，然而与技术生命周期（Technology Life Cycle，TLC）相关的理论研究成果较少。第一，不同概念经常出现同义互换情况，如佩尔托涅米（Peltoniemi，2011）并未厘清产品和产业生命周期概念；切廷达马尔（Cetindamar，2010）并未厘清技术和产品生命周期概念，造成这一问题的根本原因是产品生命周期的理论研究成果较多。迪恩（Dean，1950）、莱维特（Levitt，1965）、弗农（1966）等学者分析研究产品生命周期问题并阐明它的概念定义，克拉克（Clark，1985）立足于技术组织视角分析探究产业演变发展规律，厄特巴克（Utterback，1978）等创立了 A－U 模型。该模型阐明产品创新流程和理念，同时厘清产品创新的不同阶段，包括流动

（fluid）、转化（transition）和专业化（specific）。克莱伯（Klepper，1982）将 46 个新产品作为研究对象，根据新产品的生产发展扩散规律确定产业生命周期的划分标准，在此基础上形成产业生命周期，说明产业、产品生命周期保持较为紧密的联系，克莱伯等根据不同产品的变化得到产业生命周期理论，将不同新产品市场中净进入者的数量作为衡量指标。

立足于单个产品发展阶段和生命周期获得的产品生命周期理论，立足于单个产业组织发展阶段、演变规律和生命周期得到的产品生命周期理论，分析研究不同产品构成产业的演变规律和发展情况。将这一理论视为多个产品生命周期的综合体，不同产品生命周期曲线的包络线可以反映这些产品构成产业的变化情况和演变规律。初创阶段内，产业技术水平较低，竞争参与主体较少，产品数量较少，市场规模较小，难以提高经营效益，甚至无法实现盈利。成长阶段内，竞争参与主体增多，技术水平提高，主导设计形成，技术发展创新步入平稳阶段。成熟阶段内，新增竞争参与主体减少，市场需求趋于饱和，技术成熟。衰退阶段内，竞争参与主体减少，产业技术落后，盈利水平明显降低，产业竞争实力和综合效益下降。正确理解和认识产品、产业生命周期的概念和内涵后，在此基础上分析探究技术生命周期理论，该理论分析探究和综合考察某个技术的演变、发展、替代情况，可以将技术生命周期理论视为建模。隆（Ryu，2011）专家通过两种成长模型阐明技术成长演变的规律，分别为 Gompertz 曲线模型和 Logistic 曲线模型。搜集整理原始数据信息后，评价预测技术演变发展情况。考察现阶段的技术和预测新兴技术发展情况时，会结合技术生命周期理论的相关内容。总的来说，不同层次（技术、产品、产业）成长理论的建模，形成不同的生命周期理论（技术、产品、产业）。三者有着本质区别，但是又保持较为紧密的联系。新兴产业的产业、产品和技术，全部处于初步发展或稳步成长阶段。

此外，众多学者通常利用专利活动指数来研究技术生命周期，具体来看安德森（Andersen，1999）通过考察技术专利的申请演化周期来刻画技术生命周期。使用这个方法有以下几个原因：一是专利包含了技术诀窍，展示了技术知识的演化过程；二是专利预示着技术商业化的可能性，因为商业化应用的前提是可专利性；三是专利申请容易获得且客观性强。豪普特（Haupt，2007）认为，对应产品生命周期，技术生命周期可划分为技术引入期、成长期、成熟期及衰退期，基于专利的技术生命周期要比基于产品销售的生命周期要开始得早一些。对技术生命周期以及"S"曲线的认识学术界已经达成了一致。在技术发展的初期"引入期"（introduction），基础的科学技术问题亟待解决，这一阶段技术发生突破性创新。

此阶段的专利申请量并不大且增长缓慢，因为市场上只有少数先锋企业选择冒风险研发新技术，专利集中率高。在开发出可市场化产品的先前阶段，企业致力于解决基础的知识问题，引入期的专利申请有可能呈现出停滞或者出现在引入期的后期略有下降的现象。阿伯内西和厄特巴克（Abernathy and Utterback，1978）认为，出现这一现象的原因可能是：创新产品价格昂贵，顾客接受度还是很低，技术应用的范围尚不清晰或者主导设计尚未形成。随着技术及市场不确定的消失，更大范围的市场应用被开拓，创新的突破性减缓。研发风险降低，专利申请量增加，意味着技术"成长期"（Growth stage）的开端。尽管专利申请量逐年增长，但是专利集中度降低，市场有更多的竞争者进入。在技术生命周期的下一个阶段"成熟期"（maturity），专利申请量趋于稳定，创新转变为渐进性创新。随后，基于此技术的新产品创新持续减少，对应的专利申请量也持续降低，技术生命周期的"衰退期"（Decline）突显。专利申请的"S"曲线（如果技术引入期出现暂时的停滞或者下降则为双"S"曲线）是考察现有技术生命周期的有效指示器。

2.3.2　比较优势理论

1705年后逐渐兴起比较优势理论。亚当·斯密（1997）是绝对比较优势理论的创始人，立足于区域分工视角开展相关研究，认为国家的产业机会成本低于其他国家，则拥有该产业的比较优势。但是这一理论无法解释经济发展水平较低的国家进行国际贸易的动机。大卫·李嘉图（David Ricardo，1981）是相对比较优势理论的创始人，该理论阐明和解释了落后国家参与国际竞争贸易合作的动机。伯蒂尔·俄林（Bertil Ohlin，1993）是要素禀赋理论的创始人，该理论参考借鉴大卫·李嘉图的研究成果，指出国家拥有比较优势的原因，包括各类生产要素（劳动力、资源等）和劳动生产率。1959年，波斯纳（Posner，1959）分析研究比较优势理论时，强调技术这一生产要素的重要性，指出地区可以通过先进技术获得比较优势。林毅夫等（1995）研究发现，地区或国家技术结构和最优产业的决定性影响因素为要素禀赋结构，它会影响国家的产业选择方向和产业发展路径。

早期学者专家立足于要素禀赋差异分析研究比较优势理论，以静态比较优势分析成果为主（杨金鸥，2007）。如今，世界各地的经济贸易交流愈加频繁，各类生产要素（技术、人力资源、资金等）在全球范围内快速流通，静态比较优势分析无法解释全球范围内的资源要素流动问题，动态比较优势概念应运而生。该理论指出受到内外部环境的影响，经济体在发展过程中的比较优势会不断变化，新的比较优势会代替旧的比较优势，成为产业转型升级的重要动力。筱原三代平（1995）是"动态比较成本理论"的创始人，分析探究不同国家产业发展、衰退、演变、转移的规律。维农（1966）是产品周期贸易论的创始人，巴拉萨（Balassa，1965）是阶梯比较优势理论的创始人等。

这些研究成果指出时间要素的流动会动态转移和发展比较优势，但是并未阐明产业发展的内源动力是技术，说明这些理论仍然存在问题。1980 年后，众多学者专家立足于技术演变发展视角，分析研究国际贸易分工合作和经济发展问题，在此基础上补充和完善动态优势理论，如克鲁格曼（Krugman，1979）深入分析探究"干中学"的比较优势演变规律、发展情况和形成机制，补充和完善相关的理论研究成果。

2.3.3 结构演进理论

威廉·配第（William Pety，1650）分析研究国家经济发展和居民收入变化情况时，指出它们均会受到产业结构的影响，高劳动生产率产业会从低劳动生产率的产业中吸引更多的劳动力，由此促进社会经济的快速发展，如劳动力从传统农业转移到现代工业。科林·克拉克（Colin Clark，1940）指出，社会居民收入水平的提高会实现劳动力的转移，转移规律为从第一、二产业逐渐转移到第二、三产业，这就是配第—克拉克定理。之后，库兹涅茨（Kuznets，1954）将人均国内生产总值作为衡量指标，分析探究劳动率分布格局的变化情况以及国内总产值结构的演变规律，证明克拉克结论的正确性；钱纳里（Chenery，1960）分析探究不同国家产业结构变化情况和演变规律，结合库兹涅茨的研究方法，得到相关的研究成果。

1950 年左右，日本经济保持良好的发展态势，众多产业跻身于世界领先水平，如汽车等，优化升级国家的产业结构。结合当时的时代背景和二元经济结构特征，"雁行形态学说"理论应运而生，该理论的创始人是赤松（1960），他将日本纺织工业作为研究对象，阐明国家产业生命周期的内涵。通过该理论指导落后国家快速发展经济，产业结构的优化升级模式为进口、生产、出口，犹如飞行的三只大雁。通过进口大量商品刺激国内市场需求，国内产品的生产数量明显增加，出现出口浪潮。同时阐明产业发展次序内容，产业发展次序为农业、轻工业、重工业，消费资料过渡为生产资料。青木昌彦（2003）立足于"模块化"视角分析探究日本的产业经济结构，将美国产业发展作为参照对象，证明"雁形"形态的正确性和科学性。国内研究者分析研究产业结构理论也获得一定的研究成果，史忠良（2004）指出，随着工业化水平的提高，工业产业结构会从原材料转移到深加工和组装，不再过度依赖各类能源材料，呈现出"高加工度"和"深加工"的特点，这就是工业产业结构的演变规律。

2.4　产业政策理论

产业政策在不同国家以不同形式的应用，学界对产业政策的理解与认知有所不同。那么对于产业政策的概念，不但没能出现趋同的发展态势，反倒出现了多样化的局面。产业政策无论从其涉及的范围或者领域，还是从功能的界定来看，概念都十分广泛。

到目前为止，学界对产业政策的理解仍未达成共识性的意见，对产业政策的含义也有着各异的界定。大体来说，产业政策可以分为狭义的产业政策与广义的产业政策。狭义的产业政策，指将产业政策定义为产业部门的政策。马格丽特（Margaret，1982）就将产业政策定义为部门政策，其实质是鼓励向某些产业或者部门投资而不向其他产业或部门投资，该部分内容是产业政策论述的重点内容；小宫隆太郎（Takashro Komiya，1984）则强调，产业政策是通过一定的政策手段，对依靠制造业为核心的产业部门间的资源实施有效配置的政策，干预部分产业内的产业组织，并且对组织内企业活动施加影响的政策总体。其还指出，狭义的产业政策是针对在资源配置出现市场失灵时而采取的相应对策；韩国的学者李景台（Kyung tae lee，1991）指出，产业政策的目标是实现经济发展与增强国家竞争力，通过对某些产业的管制与调整，深入到整个产业的投资与生产的经济政策。广义的产业政策被认为是政府部门针对某些产业的所有政策的总和。阿格拉（Agra，1997）指出，产业政策是和产业相关的所有国家法令和政策；下河边淳（Chun，1982）也指出，产业政策是国家或者政府部门为实现经济与社会目标，以全产业作为直接对象，通过对全产业调整、扶持、保护或者消极地参与到某些产业的经营与生产过程中，以及间接或者直接干预产品、服务与金融等的市场机制政策的总称。并木信义（1990）也强调，产业政策使当某国的产业相对其他国家处于落后状态的时候，为增强该国产业而实施的各种政策的总和。

综上所述，本节内容主要针对产业政策的理论进行详细介绍，解析了市场失灵理论、产业结构转换理论、国家竞争力理论与产业技术理论。

2.4.1 市场失灵理论

市场失灵理论不仅是新能源产业政策实施的理论依据，而且其也是传统产业政策存在的重要理论依据之一。政府部门有责任、有义务来弥补"市场失灵"，并且将这一行为定义为制定产业政策的逻辑出发点。由于市场当中存在着"失灵"，那么产业的健康发展只依靠市场机制的运转无法实现资源的最优配置，市场机制的有效运转也难以克服经济中普遍存在的不良问题，例如垄断、恶性竞争、外部性以及资源浪费等问题。因此，政府部门在必要时应及时实施产业政策，发挥政府这只"看得见的手"的职能来弥补市场机制运行中存在的缺陷。然而詹姆斯布坎南（James Buchanan, 1986）指出，市场失灵这一现象并不是政府部门可以干预经济的充分必要条件，但是市场失灵现象的存在却为政府部门采取某种行动以改进资源配置效率提供了正当理由。

首先，产业政策的实施有助于解决新能源产业内部的"马歇尔冲突"。在现实的经济生产活动中，大部分行业几乎处于不完全的竞争状态，这些行业中的个别企业如果拥有了寡头或者垄断的地位，便会随之获得垄断势力。此时，行业中个别企业便会凭借这种垄断势力实施操纵行业产品的市场价格。这一现象的结果便是：产品市场价格大过企业生产的边际成本，理想状态下的市场均衡偏离了帕累托最优配置，造成了市场绩效的损失。另外，特别是在具备规模经济特性的自然垄断行业，伴随着行业内企业规模的不断扩大，企业生产的平均成本会不断下降，拥有垄断势力的大企业将会比普通企业更占有生产成本上的优势。所以，当客观上行业内部出现规模经济时，只增加行业内企业的个数虽然能够减少垄断势力带来的福利损失，但是其会以成本增加作为代价。这种市场绩效与规模经济之间的矛盾便是"马歇尔冲突"。这种矛盾如果仅靠市场力量是无法得到有效解决的，只有政府部门通过制定相应的产业政策，才能缓解或规避此类矛盾。通过产业政策的有效调节与引导，会使行业的发展达到社会资源有效配置的目标。

传统的电力行业属于自然垄断产业，中国新能源产业政策的实施便能够有效促进产业内部秩序的健康发展，即抑制传统垄断电力力量的蔓延，使消费端的企业及个人可以进行新能源发电系统的安装并且自行发电，确保中国电力市场的竞争性与公平性。

其次，产业政策的实施能够改变由经济活动产生的外部性。"外部性"也被称为溢出效应或者外在效应，主要指个体经济行为人的活动能够对其他经济行为人的福利产生影响，而这种影响不是在以价格为基础的交换过程中产生的，所以其影响是外在的。假如某经济行为人的活动能够给其他经济行为个体带来福利的损失，而受损失的后者并没有得到补偿，这被称为负外部性；相反，如果某经济行为人的活动为其他经济行为个体带来的是福利提高，而福利增加的后者并未对此付出成本，则被称为正外部性。在现实的经济生活中，外部性是普遍存在的，而这种外部性的广泛存在会对社会资源配置产生重大影响。假如某经济行为人的活动可以增加社会福利，而其自身发展却不能为此获得相应的收益，该经济行为人将会难以持久地开展此类活动。相反，当某经济行为人的活动可以使其自身发展受益而且不需要支付额外支出，那么该经济行为人便会扩大该项活动。因此，在存在外部性的市场，其自动形成的均衡状态并不总是使社会福利最大化的。那么为了使经济活动中存在的外部性问题不损害到社会资源的有效配置，政府部门有必要通过实施产业政策对外部性问题进行调整与纠正。科斯认为：经济活动中存在的外部性是能够被内部化的，外部性内部化就是指把所有社会成本施加到造成负外部性的经济行为个体，而对带来正外部性的经济行为个体给予额外的补偿或者报酬。

新能源产业之所以被选入中国十大振兴产业是因为新能源的发展不但是碳达峰碳中和的重要抓手，更是因为其发电过程中相比于传统发电行业所具备的明显正外部性。新能源发电的发电过程不消耗额外燃料，也不会排放出包括温室气体等有害物质，无噪声、无污染，对环境友好，并且不会遭受到能源危机与燃料市场不稳定而带来的冲击。但是，中国新能源产业的发展面临高昂的发展成本，其需要巨额的资金支持，这为中国新能源产业的持续发展带来了不小的阻碍。此时便需要专门的产业政策来为新能源产业的持续发展保驾护航，遵循为带来正外部性的经济行为个体给予额外补偿或者报酬的原则。

最后，产业政策的实施可以降低经济活动中信息不对称的现象。如果想通过市场机制来达到资源优化配置这一目的，必须要求市场中的信息是对称且充足的。然而在目前现实的市场经济中，这个假设是不能轻易实现的。最为常见的现象便是买卖的双方关于市场信息都是不完全的，甚至买家与买家之间也无法掌握市场的完全信息，从而作出错误的经营决策。这种信息的不对称与市场信息不畅通就有可能产生不良的经济后果。在这种情况下，政府部门便需要实行监督管理职能向社会提供真实并且完整的信息，以此来降低消费者与生产者在信息搜寻方面的成本，最终达到促进社会资源的有效配置。比如，对于整个行业环境下信息的收集与获取需要相当大的成本，如果行业内的企业自身从事这项活动，就会导致企业对这些花费成本的信息进行保密，无法使产业内其他企业获知此类信息，导致其经营决策的错误判断。那么，为避免此类不良现象的产生与发展，政府部门可以承担此项关于行业信息收集与披露的任务，成立专门的行业协会对产业信息进行分析整理，并且将信息面向行业内企业发布，使行业内企业经营决策得到参考，作出正确的经营发展战略。

早年中国太阳能光伏市场高速发展，部分太阳能光伏投资者以及光伏企业没有对产业发展作出理性的判断，导致光伏企业规模盲目扩张产能的现象出现。最为明显的是，在中国太阳能电池生产制造环节，行业内企业对市场信息掌握不够全面，盲目追求太阳能电池产能的扩张，使行业生产环节出现了重复投资与建设，这曾为光伏产业的健康发展埋下了极大的隐患。显然，中国新能源产业仍需要类似光伏产业协会的类似组织，通过协会能够将许多产业信息面向产业内企业发布，使新能源企业的经营决策得到更多准确信息的参考，为企业经营发展作出正确的战略规划。

2.4.2 结构转换理论

著名经济学家克拉克、库兹涅茨与霍夫曼等已经先后对经济发展过程中产业结构的变化规律进行了分析与探讨，并且提出了"配第—克拉克定理""库兹涅茨增长理论"与"霍夫曼定理"等理论。结构转换理论便是在以上理论不断研究积累的情况下提出来的，其认为某国的产业结构应该实现从低级结构向高级结构的适时转化，因为这样才会使某国完成经济赶超并最终达到世界领先水平。事实上，某国经济的结构转换过程是对利益进行再分配的过程，该过程是在政府部门发布的产业政策的指导下自主实行的，而很少由经济活动过程中自发实现的。所以，产业结构的转换在政府部门实施产业政策干预的情况下，才会符合时代发展的需要并且使产业结构转换顺利地完成。例如，世界上大部分国家已经开始对新能源行业给予广泛的关注，正着力引导某些传统高耗能、高污染的行业逐步退出，并且针对太阳能光伏、风能、核能等重点新兴产业予以发布产业政策的形式给予适当支持。这些特定产业政策的实施促进了该国的产业结构的转换，使该国的产业结构日趋合理，适应时代的发展。

首先，产业政策配合动态比较优势的实施能够促进产业结构的转换。从经济发展的角度来看，各国的发展都处于不同的阶段，并具有各异的资源禀赋，以及由此产生的比较优势，由于各个国家的发展也是不断变化的，资源禀赋的结构同样处于不断变化的过程中，所以这种比较优势是动态的。排除资源禀赋特殊的国家，例如某个国家严重依赖某种资源，动态比较优势的变化会表现出以下特征：在较早的社会发展阶段，较为稀缺的生产要素通常是资本，具备比较优势的则是土地与劳动相对密集的产品。伴随着劳动力的不断增加与资本不断积累，土地的相对稀缺性便会逐渐上升，这样农业方面的土地密集型产品便开始失掉比较优势，而劳动密集型的制造业伴随经济的发展逐渐开始具备比较优势。当经济得到进一步增长时，资本得到了较多的积累，劳动力开始变得相对稀缺，则劳动力成本逐渐提高，这时资本转变为相对丰富的生产要素，资本与技术密集型产业取代之前的优势产业成为新的具有比较优势的产业。将此动态比较优势的逻辑引入第二产业中则表现为：在资本相对稀缺而劳动力相对丰富的禀赋结构下，具备比较优势的大部分是劳动密集型的轻工业部门，所以在该发展阶段轻工业占比较高。伴随着经济发展水平的不断发展与资本的富足程度的相应提高，劳动力逐渐变得相对昂贵，工业发展的重心相应地转移到资本密集程度较高的重工业部门，从而形成重工业比重相对较高的产业结构。那么，在此阶段之后资本与技术密集型部门有可能会成为具备比较优势的部门。由上述内容可见，这种资源比较优势的变化是支配产业结构转换的重要力量。

此外，由于地区与国家之间发展水平不尽相同，这种动态比较优势的变化也呈现出了阶段性的特征。其表现为某地区或者国家失掉的比较优势，可能会成为另一个地区或者国家逐渐具备的比较优势。所以，如果将世界上各个地区与国家的产业结构变化整合起来观察，便能够使人发现某一种比较优势以及其所产生的产业结构将会在地区或者国家之间转移，也就是当某些较为发达的地区或者国家失掉了在劳动密集型产业方面的比较优势，从而转向资本密集型产业的时候，其他发展水平相对较低的地区或者国家在这种劳动密集型产业上取得了比较优势，那么这些地区或者国家将会把该产业承接过来，并形成该地区或者国家所特有的产业结构。由此可见，产业结构的转换也是比较优势动态变化的结果。

动态比较优势的变化常会通过生产要素市场中各生产要素的相对价格变化，反映在各生产者的产品选择与技术选择的过程中。生产者会对生产要素价格的变化作出积极的反应，这一现象就会使产业结构发生转换。可是，当社会经济发展速度较快，产业结构与技术要求迅速变化，只依靠市场中的价格变化信号进行结构调整是比较困难的。所以，经济发展与资源禀赋结构转换导致产业结构与技术结构升级的特点，会促使政府部门制定并实施相应的产业政策来为产业结构转换保驾护航。而且产业结构转换过程中新能源产业的发展初期较为艰难，生产者在运营过程中无法在短时间内达到营利，这必然要求生产者需要经过长时间的运营与积累才能实现营利，所以，在此类产业的发展初期需要也特别需要政府部门的专项产业政策予以支持。

在中国市场经济不断完善与发展的现状下，其比较优势也正发生着改变。中国从初期的劳动力不断增加与资本积累，农业方面的土地密集型产品失掉比较优势，劳动密集型的轻工业部门具备了比较优势，但随着资本富足程度的相应提高，工业发展的重心转移到资本密集程度较高的工业部门，以及在未来发展的资本与技术密集型部门也有可能会具备一定的比较优势。中国的产业结构也正伴随着上述变化发生着深刻的变化。为了促进产业结构转换的有序进行，中国政府发布了关于相关产业振兴的一系列规划与政策措施。新能源产业的发展便是这些规划中较为重要的一个产业，也是中国目前具备国际优势的产业。为了使新能源企业突破初期运营成本高昂和无法正常营利的客观现实，中国政府部门与其他发达国家一样采取了产业补贴政策与扶持措施，积极促进该产业的发展。中国政府希望通过对此类产业的政策扶持，促进国内产业结构转换的有序进行。

其次，实施产业政策促进产业结构转换，发挥后发优势。按照李嘉图的观点，在依照比较优势进行的国际分工基础上，各个国家都会获得相应的利益，从而实现全球资源的有效配置。这样的理论不无道理，但是按照该种逻辑继续推理下去，便会得出这样的结论：各国家的发展将主要取决于自然资源的禀赋，历史上早先强盛的国家一定会在今后的全球化竞争中占据较为有利的位置，而相对落后的国家则有可能长时间甚至是一直处于落后状态，世界经济的格局将会无法改变。但是经过时间的考证，这种结论显然是站不住脚的。为了弥补这种比较优势理论存在的缺陷，德国著名经济学家李斯特进一步发展了李嘉图的这种比较优势理论。李斯特（Liszt，1841）指出，工业化起步稍晚的国家，有机会经过政府部门对某些产业的保护和培育，发展出新的优势产业。后起国家也只有不断促进这种优势产业参与国际分工，才有可能打破原有的世界分工格局，凭借培育出的生产结构占据世界分工的有利地位。日本则是利用这种理论取得巨大成功的主要范例。日本是一个资源相对贫乏的国家，如果按照比较优势进行参与国际分工，则日本获取的利益将会远远低于先发国家，并会使本国发展长期落后于先发国家。这样的国际分工格局明显不符合当年处于赶超阶段的日本的国家利益。因此，日本经济学者在"培育优势"与"比较优势"的基础上，提出了后发国家可以直接引进或者接收先进国家的技术和经验，直接引进或者接收的技术成本将会比开发技术国家的成本低得多；在相同的资源、资金、技术条件下，日本还具备劳动力成本相对低廉的优势；只要在政府部门的扶植和保护下达到规模经济阶段，就能够使日本发展出新的优势产业，就能够与发达国家在传统的技术和资本密集的分工领域一争高下，这也就是人们常常提及的"后发优势"。后发优势是日本产业扶持理论中最基本的依据，该理论强调了后发国家制定产业扶持政策的紧迫性与必要性，后发国家应通过政府部门的有效干预去实现赶超发达国家的目标。

中国新能源产业的发展仍需要政府部门的政策，去实现产业的跨越式发展。行业内部分核心技术仍掌握在其他发达国家的手中，国内新能源产业大多从事生产制造环节，处于产业链的中低端，尚不具备行业的核心优势。对政府部门来说，要积极向其他先进国家学习新能源产业的发展经验，结合中国目前的比较优势与新能源产业的实际情况，制定出符合新能源产业的迅速发展的产业专项政策，扶持培育中国新能源产业，在技术方面实现后发优势。

2.4.3 技术开发理论

产业政策的另一个重要依据便是技术开发理论。技术开发理论的基本内容突出了技术是种难以按市场原则实行交易的知识财富。该种财富具备诸多特征：首先，技术自身常具备公共物品的特征；其次，技术的开发伴随着市场和技术的双重风险；最后，技术的应用与开发具有规模经济和学习过程的特征。因此，技术的开发结果或者开发过程常存在着企业收益率小于社会收益率的可能性，这样的结果会削弱企业进行技术投资的积极性。在诸多新能源技术开发的过程中，政府部门的产业政策是保证新能源技术不断发展的必要条件。

克鲁格曼（Krugman，1987）曾指出，假设在某一产业中有外国与本国的两家厂商，他们都凭借加大研究开发的投入来降低生产成本并积极开发新产品，这样他们对研究开发投入的多少就决定了其未来在产品市场的竞争地位，研究开发投入多的国家可能率先占据产业制高点。可是新产品的研发很难自己独享，可能的结果便是通过"技术外溢"与"边干边学"使另外一家厂商获得一部分利益。所以，该国政府部门应该采取干预主义和保护主义的政策来保护战略性高新技术。泰森则认为：国际竞争是创新与改革的发动机，某国应对国外竞争的能力是建立在该国实力之上的，从此角度分析国际贸易，战略性产业扮演着关键的角色。而洛塞勒发现，对战略性产业的支持是正确的，因为战略性产业对于国家的创新能力、竞争能力与经济增长都十分重要。弗瑞等人也有同样的观点，他们认为对于战略技术产业应给予公共支持，因为战略产业本身要求递增的规模收益与长期的积累效应。一方面，各项研究表明，对具有学习效应的产业，保护国内市场将会产生乘数效应，进入该市场的特权能够保证国内企业的学习曲线下移，带来动态的规模经济效益。从另一方面来看，技术与产业升级是创新活动的一种，本质上具有风险性。尽管政府部门可以通过产业政策来提供信息，但是企业的技术升级与创新仍然有可能因各种原因而失败。政府部门则可以通过产业政策来发挥激励引导作用，促进国内企业的技术创新行为。政府部门可以提供财政支持来补偿企业实行技术创新与产业创新，鼓励生产企业投资于具有创新性质的活动项目。另外，企业技术升级与创新的成功红利与失败成本之间是不对称的。为了弥补企业技术升级与创新的外部性与可能发生的成本与收益间的不对称性，政府部门还可以通过向首先响应产业政策的生产企业提供某种形式的补贴，比如税收激励或贷款担保等发挥激励引导作用。

中国新能源产业作为产业振兴的重点产业，政府部门积极引导新能源产业内企业进行有效创新，并且给予了一定形式的政策支持。因为新能源产业新技术的开发结果或者开发过程常使新能源企业收益率小于社会收益率，这样的结果自然会削弱新能源企业进行技术投资的积极性。所以，在新能源企业进行技术创新过程中，政府部门的产业政策是保证产业技术不断进步的必要条件。只有促进行业新技术的不断产生才能将中国新能源产业发展成为优势产业，才能够使其与发达国家在该领域一争高下。同时还要注意保护国内市场，使中国新能源产业技术的不断进步加速促进本国产业的快速发展。

2.4.4 国家竞争力理论

新能源产业是中国的战略新兴产业，这不得不使其面对新兴产业的生产成本在初期很可能高于发展成熟的国外竞争者生产成本的现实，因为国外竞争者具备更丰富的经验，使生产成本不断优化。另外，由于新兴产业初期产业内企业缺乏实践经验，如果国外竞争者的竞争没有被约束，那么国内产业就无法得到保护而逐渐退出竞争的舞台，更无法实现产业腾飞。在这种情况下，政府部门应该通过产业政策对本国内的新兴产业进行暂时性的保护。通过产业政策保护幼小的新兴产业，并将其培育为战略性优势产业，这有助于该国新兴产业企业更好地参与国际竞争，提升本国竞争力，并实现国家长期战略目标。

自 20 世纪 80 年代以来，把产业组织理论引入传统国际贸易理论中所演变的战略性贸易政策理论是最具影响的创新之一。伴随着经济全球化的逐渐深入与全球性产业的竞争加剧，战略性贸易政策的实践已经成为学界新的关注热点。实际上，战略性贸易政策属于产业政策的一种。克鲁格曼最早利用斯蒂格利茨与迪克西特建立的一个多样化消费与规模经济之间选择的模型，将该模型应用到国际贸易理论研究中，并且建立了由规模经济所引发贸易发生的模型。随后其又建立了贸易产品相似、要素禀赋相似的贸易收入分配效应模型，从而打破了传统贸易理论的规模收益不变假定和完全竞争假定，其提出了当国家的相似度越高，市场结构就由完全竞争转变为不完全竞争，规模经济就会取代要素禀赋的差异，成为推动国际贸易的主要因素。在针对幼稚产业参与到国际竞争问题时，克鲁格曼设计出了理论模型，其将边干边学的外部性概念引入，强调知识所产生的外部效应，将此作为保护特定战略部门的缘由，提出政府部门的干预能够使幼稚产业的学习曲线下移，并且使该国生产可能性边界向外移动。也就是通过给国内生产者在国内市场上一定的特权地位，该国便能够获得较国外竞争者在生产规模上所表现出的优势。这种优势在无保护的市场上将会转化为较高的市场份额与较低的边际成本。从此以后，经济学家开始将不完全竞争与规模经济引入贸易模型之中，最终形成战略性贸易政策的理论。战略性贸易政策理论能够实现利润转移或者追求规模经济的效应，从而有助于新兴产业内企业更好地参与国际竞争，提升国家竞争力。规模经济也称为规模报酬递增，指一国产出水平的增长比例高于其要素投入增长的比例状况。尽管自由贸易的最优选择是完全竞争条件，但是现实经济中的完全竞争是无法实现的，而不完全竞争与规模经济则是普遍现象。如果政府部门能在本国厂商做生产决策之前，采取干预性战略性贸易政策对本国重要产业实行保护和扶持，减轻由垄断所导致的扭曲，提高此类产业领域中的生产厂商在世界范围内的竞争力，使生产厂商有能力抢占国际市场的份额，这样利润将会由国外厂商向国内厂商转移，也会使本国贸易福利得到加强。因为国际竞争产业中的规模经济是普遍存在的，本国能够通过对此类产业实施扶持政策，使此类产业达到较低成本的最优规模，通过实现规模经济效应来提高该产业在世界范围内的竞争力。因此，政府部门的政策干预在某些条件下能够产生积极的效果。

此外，日本学者在利用西方经济学的规模经济理论的基础上，丰富了该理论，日本学者指出在某国经济的赶超阶段，政府部门应该利用产业政策保证该国的企业规模达到最优化，在一定时期内，政府部门允许牺牲竞争活力的做法和允许寡头垄断的存在的政策具有可取之处；当某产业的国内或者国际市场已经被国外企业垄断时，为使本国产业可以获得长期的竞争能力，政府部门可以实施适当的产业支持政策并且承担这些产业振兴的一部分费用，以使其能够打破壁垒，与外国的强大竞争对手抗衡。尤其在交通运输、石化、通信、电力等最优规模较高的生产部门，因为达到最优规模前的社会收益率会高于生产企业的收益率，所以，政府部门采取产业政策的支持是十分必要的。

　　中国新能源产业虽然在某些领域的产能与产量方面稳居世界第一，但是距离高新技术产品的研发还有一段距离，产业的核心竞争力需要进一步增强。政府部门应当促进企业的科研创新，打破产业链上前沿技术为国外大型企业所垄断的现象。曾经，中国太阳能光伏产业以低端加工制造为主进行光伏制品生产，然后将大多数产品出口到欧美以及其他发达国家，这种"两头在外"的出口型策略使中国光伏产业未能摆脱劳动密集型的低端制造出口的经济发展模式。同时，由于产品大量销往海外，导致中国光伏制品受到欧盟、美国等发达国家的"双反"调查。当然，政府部门应该通过实施产业政策对本国内的战略新兴产业进行暂时性的扶持，并促进我国新能源产业内的企业更好地融入国际竞争，从而通过本国战略产业提升国家竞争力。

　　基于上述理论的梳理，我们可以发现企业成长理论起源于古典经济学，在漫长的研究历史中，形成了丰富的研究文献。就研究内容而言，企业从简单的线性生产函数假设转变为具有生命特征的个体，就决定因素而言，从外部影响到内部影响再转变为内外结合，就研究方式而言，从最初的线性研究转为非线性研究，从均衡性研究转为非均衡性研究，从静态式研究转为动态式研究。企业成长理论随着时代的变化和研究视角的转变，形成了诸多研究成果，并互相影响作用，使得研究方向逐步系统化和科学化。企业成长过程中的影响因素很多，就企业假设而言，学术界一开始将企业比作简单函数，随后逐渐通过生命周期理念将企业假设为具有生命特征的自然体，其后认识到企业是由人参与控制的个体，具备突破上限和创新转变的能力，自然人能够加强企业的动态转变能力，并对企业的战略目标进行调整和优化，因此企业被当作具有自我控制能力和变革能力的有机体。就企业成长的决定元素而言，并不能简单地将企业成长的主要决定权落实于某个元素，事实上企业在不同的生命阶段，有着不同的关键影响要素，并且主要要素与次要要素之间存在着相互作用，这种相互作用包括相辅相成、相互依赖、相互补充和相互制约，正是由于这些复杂的作用关系，企业才能够在发展过程中找出自身存在的问题和外部环境带来的压力，进而进行自我改变和创新，逐步迈入更为高级的生命形态。对于企业成长的影响要素，并不能简单地认为只有内部原因或外部原因，企业成长受到内外环境的共同影响，仅认同内部缘由或外部缘由，都是片面的，并不能真正阐述企业成长的内涵。此外，针对产业发展理论，本书主要提及的市场失灵理论、产业结构转换理论、国家竞争力理论与产业技术理论，阐述了产业发展与企业成长的关系，着重阐述了产业政策理论，为中国新能源产业政策的实践提供了理论层面的支持，并且为后文新能源企业成长的外部因素的深入分析打下了基础。

综上所述，基于碳达峰碳中和目标下的新能源产业持续开展研究。第一步要对企业的内部管理和外部环境进行分析，并找出两者之间的相互作用力，其中内因是关键，外因是补充；第二步将企业假设由简单的生命体转化为具有一定自控能力和创新能力的有机体。因此研究新能源企业的成长路径，应结合仿生学理论，在基于企业生命体特征的基础上，探讨其在各个生命阶段的成长关键，并从企业内外影响的互作用下，找寻影响新能源产业生存、发展和衰亡的关键因素，进而构建相关对策，以期新能源企业能够加速成长，实现新能源产业的可持续发展。

第3章 中国新能源产业发展分析

本章主要通过对各国新能源产业的发展进行整理与归纳，通过对新能源产业发展过程中面临的问题的总结，尤其是中国新能源产业和企业的发展过程中的问题，得出新能源产业相较于其他产业所表现的特征，并为之后对新能源企业成长影响因素的分析打下基础。

3.1 中国新能源产业现状

从中国新能源产业发展的现状看，我国以太阳能光伏发电和风电为代表的新能源开发与利用已经取得了显著的进步。这些进步与成效并不局限于现有新能源装机数量与发电量，而是涵盖了新能源产业发展的多个维度。

太阳能光伏发电方面，2019年国家能源局发布的报告表明，中国光伏发电2018年累计装机量已经超过170吉瓦，其中分布式光伏装机量占比约29%；光伏发电成本持续降低，光伏组件2018年的成本较十年前已下降近90%；并且，业内人士表示：2020年以后新增光伏项目中的35%能够实现电网平价或者低价。另外，从光伏装备制造角度来看，光伏材料及制品的技术水平持续提升，单晶与多晶电池片产业化的效率不断提高，组件与材料产业化规模逐渐扩大，产业的集中度也随之提升。

风力发电方面，依据2018年国家能源局发布的全国电力工业统计数据，中国风力发电累计并网的容量已经达到约1.64亿千瓦，同比增加了10%，海上风力发电累计的并网容量达到0.02亿千瓦，同比增加了37%；陆上风力发电成本逐年降低，较十年前已下降了约46%。从风力发电的装备制造角度来看，产业竞争愈发激烈，市场集中度持续上升，前5家风电机组制造商的市场份额已经达到67%；其中，大容量的风力发电机组得到快速发展，吊装技术与海上风力发电制造取得了突破，风力发电服务行业已悄然兴起。

新能源的消纳方面，近年来的"弃风弃电"问题得到关注，市场对于新能源电力的消纳有所提高。全国的光伏电站的平均利用小时数同比增加了 74 小时，全国"弃光"电量同比减少 2 亿千瓦，为 73 亿千瓦，"弃光"率降低了 7%；全国"弃风"发电量同比减少 75 亿千瓦，为 422 亿千瓦。从国家能源局披露的数据来看，"弃风弃电"电量有所下降，新能源消纳有所提升，"弃风弃电"问题得到一定缓解，但受并网困难等因素影响，改观程度并不十分理想。

在新能源产业发展的政策法规方面，其相关制度与政策得到了不断补充。国家发改委与国家能源局陆续颁布的规范性文件，已经形成了产业发展的制度框架。这表现在新能源开发与利用目标的设定、新能源发电相关规范性文件的颁布、新能源发电的制度性上网的保障、有关"弃风弃电"问题的解决方案等方面。在已有的政策法规与即将颁布的相关文件基础上，中国新能源产业发展的政策法规初始框架已基本搭建完成。此外，在新能源企业的发展过程中，新能源企业发展阶段是各组成要素在某一点上发展程度的集合，包括技术要素、创新路径、主导设计、规模或市场环境等方面。新能源企业发展的开端是产业技术要素向新能源企业的应用与渗透，重大创新引致技术发展的跳跃性是新能源企业发展的内在动力，主导设计的确立以及技术快速扩散、市场急剧壮大与成熟使新能源企业不断发展。目前，我国新能源企业已取得众多突破性创新，但是新能源产业整体上处于跟随、引进以及应用的过程中；新能源在发电与能源供应等多个领域得到应用与发展，但就其整体应用规模而言，相较于传统电力与能源供应还存在较大的差距。

3.1.1 中国光伏产业现状

利用太阳能的最佳方式是光伏转换，就是利用光伏效应，使太阳光射到硅材料上产生电流直接发电。以硅材料的应用开发形成的产业链条称为"光伏产业"，包括高纯多晶硅原材料生产、太阳能电池生产、太阳能电池组件生产、相关生产设备的制造等。太阳能光伏产业的发展基础是光伏效应，是指在太阳光的照射下半导体或者不均匀的半导体与金属组合的各个部位之间产生的电位差，其能够使阳光照射到硅材料上并产生电流促成发电。以硅材料的应用与开发为主线形成了太阳能光伏产业的产业链条，主要包括：光伏发电系统、组件封装、太阳能电池制造、硅棒（锭）硅片的切割、多晶硅原料的提纯等环节。由于目前太阳能光伏产业的术语较多，所以有必要对这些专业术语加以描述和界定。

（1）光电建筑一体化（Building Integrated Photovoltaic，BIPV），指建筑设施

与光伏发电设施相结合，这能够使大型建筑在电力方面实现自给自足。光电建筑一体化系统是全球范围内熟知的利用光伏发电的潜在市场。

（2）光伏发电系统，主要包括离网与并网这两种方式。离网系统是指光伏发电系统经与电池与充电控制器相连接，把光伏发电的电量进行储蓄，以备后用。该系统大多应用于农村供电及偏远山区。并网系统是指把地方电网与光伏发电系统连接起来，把光伏发电的富余电量卖给电网。

（3）逆变器。其能够将光伏电池所产生的直流电变成交流电。

（4）光伏组件。将太阳能电池进行封装后才能够使用，把太阳能光伏电池焊接到玻璃上便可以得到光伏组件。

（5）太阳能电池。其是收集太阳能光照的基本单位，依据所应用材料的不同可以分为多元化合物薄膜电池与硅基太阳能电池。

（6）多晶硅。多晶硅原材料是太阳能光伏产业中较为重要的基础原料，通过提纯技术可以将高纯硅生产出多晶或者单晶硅锭，然后将硅锭切割成硅片，分别用来制造多晶硅电池或者单晶硅电池。

3.1.1.1　中国光伏产业发展历程

回顾太阳能发电的历程，其已具有 160 多年的历史。太阳能发电是由法国科学家因为液体的光能够产生伏特效应引发而被发现的。在 20 世纪 50 年代，第一例单晶硅太阳能电池由美国贝尔实验室的科学家们研制成功，从此开创了太阳能电池（也就是太阳能光伏产业）的发展大门。在 1954 年研制成功的首例太阳能单晶硅电池的转换效率只有 6% 左右，随着科技的发展，在 2007 年最新研制成功的太阳能电池的效率已经达到了 40.7% 之多。而在进入 21 世纪后，由于世界能源危机的不断加重，对新能源的应用与开发成为了能源发展的新趋势，太阳能光伏产业也从缓慢发展进入到迅速发展的阶段。

中国在 1958 年开始对太阳能电池展开研究与开发。在 20 世纪 90 年代初取得一定的研究成果，并将其成果主要应用到通信与工业领域，在 1995 年开始将光伏发电应用到特殊领域与边远地区，并且建立了光伏发电的应用系统。伴随对太阳能光伏发电的需求增加与我国新农村建设规划的实施，太阳能光伏发电开始广泛应用于农村与偏远地区，农村市场已经成为太阳能光伏发电的重要市场。纵观中国太阳能光伏产业的发展，中国太阳能光伏产业大致经历了以下几个重要发展阶段：

第一阶段（1954 年到 20 世纪 80 年代初期），中国太阳能光伏发展的萌芽期。中国在 1958 年开始了对太阳能光伏电池的研究。在 1971 年，太阳能光伏电池首次被成功地应用到东方红二号卫星，之后太阳能光伏电池首次被应用于海港浮标灯，从此中国开始了对太阳能光伏电池的应用。太阳能光伏电池的产量很小且生产造价也非常昂贵。由于受到当时产量与价格的限制，太阳能光伏市场发展得十分缓慢，除作为卫星的电源装置外，在地面上的光伏应用仅限于小功率的电源系统，例如直流日光灯、电围栏、黑光灯、高山气象站仪器的用电、铁路信号系统、航标灯等，功率一般限制在几瓦至几十瓦之间。

　　第二阶段（20世纪80年代初期至80年代中期），中国太阳能光伏产业发展的雏形阶段。自从1979年至20世纪80年代的中期，中国的一些半导体器件厂与一些器件厂开始逐步利用半导体器件工艺与废次单晶硅来制造单晶硅光伏电池，这一现象使中国的太阳能光伏产业的发展进入雏形时期。

　　第三阶段（20世纪80年代中后期至90年代初期），中国太阳能光伏产业发展的试点应用阶段。该时期内，开封太阳能电池厂与宁波太阳电池厂开始引进国外关键设备，深圳大明厂、秦皇岛华美厂与云南半导体厂开始引进成套的单晶硅电池与组件生产设备，深圳宇康厂开始引进非晶硅电池的生产线，使中国太阳能光伏电池、组件的总生产能力达到了4.5兆瓦，中国太阳能光伏企业开始初步形成。在"六五"与"七五"时期，国家开始对光伏市场的发展予以支持，中央与地方政府在太阳能光伏领域开始投入一定的资金，使中国较为弱小的太阳能光伏电池工业得到巩固与发展，并且在诸多应用领域建立示范项目，例如村庄供电系统、小型户用系统、部队通信系统与微波中继站等。在"七五"时期，国内已经从国际上引进了多条太阳能光伏电池生产线，除一条1兆瓦的非晶硅电池的生产线以外，其他引进的生产线均为单晶硅电池生产线，大量生产线的引进使中国太阳能电池的生产能力增加到4.5兆瓦每年，太阳能电池的售价也由"七五"时期的约80元/瓦降低到40元/瓦左右。

　　第四阶段（20世纪90年代中后期到2004年），中国太阳能光伏企业发展的平稳时期。90年代末中国太阳能光伏产业得到继续发展，光伏产业设备得到更新，各地方开始建立了一些组件的封装厂，太阳能电池的实际生产量与生产能力得到了提高。1998年，常州天合光能有限公司①顺利成立，公司的产品包括了组件的安装、太阳能电池、硅片与硅棒。无锡尚德有限公司于2002年底建成了10

---

　　①　天合光能有限公司（TSL）是全球最大的光伏组件供应商和领先的系统集成商。公司于1997年创立，2006年在美国纽交所上市。2014年，公司光伏组件出货量达3.66吉瓦，实现销售收入22.9亿美元。天合光能高品质的光伏组件被运用在世界各地并网和离网状态下的太阳能电站，为当地民众带去了洁净、可靠的绿色电力。

兆瓦的多晶硅电池生产线，太阳能光伏企业的纷纷成立使光伏产品的生产能力在这一年内有了大幅度增长。到 2003 年底，中国太阳能光伏企业的总生产能力已经达到了 38 兆瓦，其中非晶硅电池为 3 兆瓦，晶硅电池/组件为 35 兆瓦。另外，保定天威英利有限公司与宁波中意有限公司分别建成了 6 兆瓦和 2 兆瓦的硅片与多晶硅铸锭生产线。在 2003 年，中国太阳能电池/组件实际生产量已经达到 13 兆瓦，大部分产品用于出口。在该时期内，伴随着中国太阳能光伏企业的成本降低与产业初步形成，太阳能光伏产品的应用领域开始向农村电气化应用与工业领域发展，光伏市场稳步扩大，并且被列入国家与地方政府计划，例如"西藏阿里光伏工程"、"光明工程"、西藏"阳光计划"等。进入 21 世纪后，尤其是国家投资的"送电到乡"工程，解决了中国无电乡镇的用电难题，推动了中国太阳能光伏市场的发展。

第五阶段（2005～2011 年），中国太阳能光伏企业的快速发展期。在该时期，中国太阳能光伏产业链逐渐完备，太阳能光伏企业产品的产量也开始成倍增长。尽管在太阳能光伏产业的发展初期受到了产业链上游多晶硅等原材料的限制，但在 2006～2008 年国内开始加大对多晶硅生产建设的投资，终结了太阳能光伏产业"拥硅为王"的局面。此时，政府部门也开始加大对太阳能光伏企业的扶持力度，出台了诸多政策法规用于支持太阳能光伏产业的健康发展。

2005 年，当时中国的太阳能光伏企业只有几家晶体硅太阳能电池制造企业，其生产能力总共只有 2 兆瓦。当时无锡尚德有限公司的产能为 5 兆瓦，保定英利有限公司的产能为 3 兆瓦。此外，还有几家非晶硅太阳能电池厂，其产能都小于 1 兆瓦。根据国际能源网的报道，自从 2004 年德国的上网电价法出台后，全球太阳能光伏产业呈现出巨大的增长态势，2005 年中国太阳能光伏产业的产量达到了 50 兆瓦，比 2003 年的 12 兆瓦增长了 318%。2005 年之后是中国太阳能光伏企业的快速发展期，该时期内太阳能光伏企业快速增长，大部分企业每年产量的增长幅度都超过 100%。到 2008 年产量达到 2589 兆瓦。在这一段时间，欧洲市场需求的增长速度远远超过全球的供货能力，因此形成了巨大的卖方市场，太阳能电池在产能逐步扩张的同时保持了价格的坚挺，而整个晶体硅太阳能电池企业出现了无法满足市场需求的情况，尤其是高纯多晶硅产业的产能扩张速度无法满足市场增长的需求，因此多晶硅价格年年走高。索比光伏平台的数据显示，到 2008 年国际金融危机前高纯硅现货市场的价格达到 1 公斤 300～400 美元，而同期高纯硅的价格只有 80～100 美元。

自 2008 年 10 月国际金融危机爆发开始，在 2009 年的大部分时间里，危机导致光伏产业的严重下滑，很多中国光伏企业受到重大的打击，并彻底扭转了高纯多晶硅材料短缺的行业态势。但是在这个阶段，市场还是有需求的，欧洲的光伏政策还在，客户的安装意愿还很强烈，只是银行体系出现了问题，使得资金链中断而无法实施电站建设。而在这段时间里，由于全球光伏企业的产能已经相当大了，在这样的市场波动面前，晶体硅太阳能电池整个产业链的产品价格大幅度下降，终端产品太阳能电池组件价格从第一阶段时期的每瓦 30 元人民币，降到每瓦 15 元人民币，这样巨大的降幅，在欧洲国家光伏补贴上网电价没有及时下调的情况下形成了欧洲的电站安装者及中间商的巨大利润空间。因此从 2009 年 7 月开始，在国际金融危机还没有恢复的情况下，就出现了市场的快速启动，从而使得在 2009 年国际金融危机当年全球太阳能电池出货量达到 12.464 吉瓦，比 2008 年的 7.91 吉瓦增加了 58%。2010 年，中国光伏企业又经历了超高速的扩张阶段。据不完全统计，2010 年中国全年新增太阳能电池生产线达到 400 条，按照每条产能 25 兆瓦计算，新增产能达到 10 吉瓦，加上原有的约 6~7 吉瓦的产能，因此 2010 年底中国的太阳能电池产能估计达到 16~17 吉瓦。按照德国的光伏杂志 *Photon International* 的统计，中国 2010 年产出了 13.01 吉瓦，比 2009 年的 4.75 吉瓦增长了 173%，占当年全球光伏组件总出货量 27.2 吉瓦的 47.8%。

第六阶段（2012~2020 年），中国太阳能光伏企业的调整期。2012 年末以来，美国与欧洲的光伏市场出现了较大的不确定性，意大利的新补贴政策不明朗，德国的补贴也大幅下滑，这就导致了市场快速萎缩，而供应端的产能又急剧扩大，太阳电池出货量大幅减少，中国光伏企业的组件产品大量积压，各个企业为生存竞相压价出售产品。中国国内光伏应用市场开始逐渐放开，以帮助国内光伏企业渡过行业难关。伴随国内市场的放开及补贴政策的退坡，光伏产业的发展将迎来新的发展阶段。2018 年，中国光伏发电累计装机量已经超过 170 吉瓦，其中分布式光伏装机量占比约 29%；光伏发电成本持续降低，业内人士表示：2020 年以后新增光伏项目中的 35% 能够实现电网平价或者低价。

3.1.1.2 光伏产业的政策法规

通过之前有关产业政策概念的理解与认知，经济与政策都会对某些产业产生一定的影响，但不能将产生影响的政策定义为产业政策。因为其中有一部分政策措施并不是针对产业的，例如国家的宏观经济政策、土地使用政策与工资政策等；但是政策中的某些部分是针对产业的，这部分能够被称为广义的产业政策。在广义的产业政策中还可以分出两类：一类是垂直型产业政策，另一类是水平型产业政策。前一类产业政策是针对某些特定产业的，如部门政策与技术政策、战略性贸易政策等；后一类产业政策并非针对某些产业，而是针对所有产业，例如政府采购政策、研发创新政策等；这些产业政策的实施目的是改变资源在各产业部门之间的配置，将其定义为狭义的产业政策。根据以上内容，本书探讨产业政策时既包含了广义的产业政策，也包含了狭义产业政策，但以狭义的产业政策作为主要的讨论部分。因此笔者对 2000 年以来主要的中国新能源产业政策进行了收集与汇总，这些新能源产业政策的选择是按照如下步骤选择出来的：首先，通过前期对《中国太阳能光伏产业发展研究报告》《光伏信息》等太阳能光伏方面文献的阅读，以及对 Solar zoom 光伏太阳能网、环球光伏网、OFweek 太阳能光伏网与北极星太阳能光伏网相关专业内容的阅读，积累了一定的太阳能光伏产业的基础知识，凭借此方面的积累来收集光伏产业政策涉及的关键词。其次，根据知网与万方数据资源系统的特种文献数据库来收集光伏产业政策文本。笔者首先使用 "太阳能电池" "多晶硅" "光电" "光伏" "太阳能" 等与太阳能光伏产业有直接关联的词进行检索。但是因为太阳能光伏发电属于可再生能源与新能源[①]的范畴，大量的可再生能源政策与新能源政策同样对太阳能光伏的发展起到了至关重要的影响。所以笔者又应用 "可再生能源" 与 "新能源" 进行检索。在以上工作的基础上，笔者通过访问相关部委网站、政府门户网站及行业网站，例如科技部、住房和城乡建设部、财政部、国家发改委、国务院、Solar zoom 光伏太阳能网、环球光伏网、OFweek 太阳能光伏网与北极星太阳能光伏网等网站，对光伏产业政策的收集进行补充检索。再次，通过以上步骤检索出的光伏产业的政策文本大致有几百条，为保证光伏产业的政策文本选取具有代表性，笔者参照以下几条原则对光伏产业的政策文本进行筛选：第一，采用中央级光伏产业的政策文本，发布政策文本的单位是国务院、全国人大等机构；第二，采用与太阳能光伏产业紧密相关的政策文本，政策文本中应明确指出光伏应用的可再生能源与新能源或者包括光伏产业链中的相关组成要素，大部分泛指可再生能源与新能源的政策文本不进行采纳，当然，在探讨详细问题的时候，本书也将引用部分地方光伏产业政策，但并未对其进行大规模收集；第三，政策文本的类型主要采用通知公

---

① 新能源是相对于常规能源的一个相对概念，常规能源是指技术上比较成熟且已被大规模利用的能源，而新能源通常是指尚未大规模利用、正在积极研究开发的能源。新能源按类别可分为：太阳能、风能、生物质能、氢能、地热能、海洋能、小水电、核能等。

可再生能源又称再生能源，其包括太阳能、水力、风力、生物质能、波浪能、潮汐能、海洋温差能等可以在自然界可以循环再生的能源。而相对地，非再生能源就是指在自然界中经过亿万年形成，短期内无法恢复且随着大规模开发利用，储量越来越少总有枯竭一天的能源称之为非再生能源，包括煤、原油、天然气、油页岩、核能等。

告、意见办法、规划、法律法规等直接体现政府部门对光伏产业发展呈现态度的政策文本，该类政策文本中不计入批复与复函。在对所收集的光伏产业政策文本进行一定整理的基础上，笔者通过对熟悉太阳能领域业界的专家和高校教授的咨询，对光伏产业的政策文本进行了最后的完善。

从这些光伏产业政策的发布时间与类型来看，光伏产业初期发展较为缓慢，早期发布的光伏产业政策也不是很多，大都集中在能源节能类的政策法律法规之中。20 世纪 70 年代以来，国家部门发布了《节约能源法》《电力法》《大气污染防治法》等法规法律。这些法律法规类政策主要作用是支持广大农村地区的太阳能的开发与利用。到了 20 世纪 90 年代，国家部门又相继颁布了《建筑节能"九五"计划和 2010 年规划》《1996～2010 年太阳能发展纲要》《资源节约与资源综合利用"十五"规划》《中华人民共和国节约能源法》等政策文件。这一时期的政策将太阳能项目的推广提上了日程，表明了在加快太阳能产业步伐方面中国政府所下的决心。此外，中国政府还提出将太阳能建筑并入建筑节能的范畴中来，并且对开发与利用太阳能提出了较为明确的鼓励政策。进入新世纪以后，伴随着光伏产业的发展，光伏产业的专项政策也频频出台，这些太阳能光伏产业政策的出台极大地促进了中国太阳能光伏产业的发展。这使太阳能光伏产业在产业政策引导下，遵循客观市场经济规律，飞速向前。

笔者对 2000 年以来主要的中国太阳能光伏产业政策进行了收集，本书最终整理了有关太阳能光伏产业政策文本的样本共 60 余份，政策文本发布时间跨度为 2001～2011 年，我国绝大多数太阳能光伏专项产业政策的发布主要集中于 2006 年以后。这一现象主要原因在于 2002 年时国家计委启动的"送电下乡"工程，使中国太阳能光伏产业实现了较快发展。2009 年政府部门发布的政策文本数量最多，主要是由于伴随城镇化和工业化的加速与人民生活水平的不断提高，建筑用能得到了迅速提高。此外，为贯彻国务院的节能减排战略部署，太阳能光电技术的应用成为光伏产业发展的主导方向。2009 年及以后，国家发布了"太阳能光电建筑应用示范工程""金太阳示范工程"与"太阳能屋顶计划"，推进了光电技术在城乡建筑中的应用。同时，《关于完善太阳能光伏发电上网电价政策的通知》与《关于做好 2011 年金太阳示范工作的通知》的发布，有效促进了太阳能光伏产业的发展。

从中国太阳能光伏产业政策文本颁发部门的角度来看，关于光伏产业的政策文本来自 14 个部门。其中，发布政策文本数量较多的部门分别是住房和城乡建设部、国家发改委与财政部，这说明中国政府很重视太阳能光伏产业的发展，已经从国家战略的角度来制定太阳能光伏产业的发展与远景规划，并且给予了太阳能光伏产业充分的财政扶持。

可以发现，60 余份光伏产业政策主要覆盖了中国太阳能光伏产业的消费、生产、投资与研发四阶段。经过进一步统计可知，应用在中国太阳能光伏产业生产阶段的相关政策占 34.43%，投资占 29.51%，消费占 27.86%，研发占8.20%。这一结果说明：目前中国光伏产业政策大多围绕我国光伏产业的生产、消费与投资环节进行，其目的是促进光伏产业的发展。

近年来，在新能源产业发展的政策法规方面，相关制度与政策得到了不断补充。国家发改委与国家能源局陆续颁布的规范性文件，已经形成了产业发展的制度框架，这表现在新能源开发与利用目标的设定、新能源发电相关规范性文件的颁布、新能源发电的制度性上网的保障、有关"弃风弃光"问题的解决方案等方面。在已有的政策法规与即将颁布的相关文件基础上，中国太阳能光伏产业发展的政策法规初始框架已基本搭建完成。

3.1.1.3　光伏产业政策的主要构成

根据以上对中国太阳能光伏产业政策的整理，光伏产业政策以激励类政策为主要组成部分。并且从实践层面来看，这些激励类政策对中国太阳能光伏产业的发展起到了巨大的促进作用。为进一步说明中国太阳能光伏产业政策的构成，可以将这些政策分为财政政策、税收政策以及其他类补贴政策。其具体内容如下：

1. 太阳能光伏产业政策中的财政政策

在 2008 年之前，中国对太阳能光伏产业的扶持政策大多处于宏观层面，其中较为重要的产业政策为 2006 年 1 月 1 日开始实施的《可再生能源法》，该政策明确了支持和鼓励可再生能源的并网发电，并且进一步提出了全网分摊、合理上网电价与全额收购的三项原则。在此之后，国家又出台了针对可再生能源发展的相应规划，提出了可再生能源发展的指导思想与中长期的发展目标。这些政策的颁布与实施促进了中国太阳能光伏产业的发展，但政策并未将许多具体内容落实到细则上，未能从根本上打开国内的太阳能光伏市场。直到 2009 年伊始，中国政府部门才相继颁布了一系列财政补贴措施以促进中国太阳能光伏产业的迅速发展。这些政策主要包括：

（1）太阳能屋顶计划。2009 年 3 月，财政部与住房和城乡建设部联合颁布了《关于加快推进太阳能光电建筑应用的实施意见》，该政策主要为促进光伏屋顶计划与 BIPV 应用的补贴计划，被广大太阳能光伏从业者视为中国光伏市场的重要转折点。该政策明确强调在可再生能源专项资金中，中央财政可以安排部分资金用于支持太阳能光伏在城乡建筑领域的示范与推广。根据《墙材革新与建筑节能》，同年9月，下达了第一批项目，中央财政的预算安排为12.7亿元人民币，正式启动国内太阳能屋顶计划。

（2）金太阳示范工程。2009年7月，财政部会同国家能源局与科技部共同颁布了第二个国家太阳能光伏补贴政策，即《金太阳示范工程财政补助资金管理暂行办法》，也就是"金太阳示范工程"。金太阳示范工程的具体要求为：单个项目的装机容量不能低于300千瓦峰①；原则上建设周期不能超过一年，运行期不能少于20年；并网发电项目业主总资产不能少于一亿元人民币，项目资本金不能低于总投资的30%。该补贴由科技部、财政部与国家能源局依据技术的先进程度、市场的开发状况等因素来确定各种示范项目的投资补助上限。另外，原则上并网发电项目按照发电系统与配套输配电工程的总投资的50%予以补贴，在偏远区域的独立太阳能光伏发电系统按照总投资的70%予以补贴；太阳能光伏产业基础能力建设与光伏发电关键技术的产业化项目，予以适当的补助或者贴息。一般情况下，离网补助70%，并网补助50%。

（3）上网电价补贴政策。该政策也可被称为政府电力收购制度、保护性分类电价制度或者可再生能源回购电价，是旨在促进可再生能源广泛应用的一项政策。政府部门与应用可再生能源发电的企业或者个人签订一份合约，在合约期间，发电者每次向公共电网输送一度电，便能够得到相应的电价补贴。在2011年8月，国家发改委便发布了《关于完善太阳能光伏发电上网电价政策的通知》，从而确定全国范围内的统一光伏发电标杆上网电价。

（4）2013年7月《关于促进光伏产业健康发展的若干意见》出台。从价格、财政补贴、税收、项目管理和并网管理等多个层次提出了各项举措。2016年12月《太阳能发展"十三五"规划》指出：到2020年底，光伏发电装机达到105亿千瓦以上。2018年5月《关于2018年光伏发电有关事项的通知》特别重申发展光伏的方向是坚定不移的，国家对光伏产业的支持是毫不动摇的。

（5）2019年4月，国家发改委颁布的《国家发展改革委关于完善光伏发电上网电价机制有关问题的通知》指出，完善集中式光伏发电上网电价形成机制，适当调整分布式光伏发电补贴标准。

（6）地方政府财政政策的支持。在国家政府部门积极倡导发展太阳能光伏产业的背景下，各个地方政府也逐渐颁布了一些区域性的太阳能光伏产业政策，对

---

① 千瓦峰（KWp）是指太阳能光伏电池的峰值总功率。1千瓦峰表示光照强度足够充足的情况下，1小时发电1千瓦时。

太阳能光伏产业的发展予以支持。例如，浙江省政府在 2009 年 11 月发布的《关于我省太阳能光伏发电示范项目扶持政策的意见》中强调：对于装机容量大于200 千瓦峰的项目，上网电价可以按照同年燃煤脱硫机组的杠杆电价加上 0.7 元每度电进行结算。辽宁省在 2011 年 11 月发布了《关于太阳能光伏实行财政补贴的实施意见》，指出在 2012 年 12 月 31 日之前，能够建成投产并且装机容量超过300 千瓦峰的光伏发电项目，按照 0.3 元每度电的标准予以电价补贴；2012 年以后的补贴标准则按照年均减少 10% 的比例进行确认。2018 年 9 月，浙江省台州市玉环市人民政府印发《玉环市家庭屋顶光伏专项资金补贴办法的通知》，市财政安排家庭屋顶光伏补贴资金。

综合以上内容，中国在促进太阳能光伏产业健康发展的财政政策方面，主要运用了四类政策，分别是：针对光伏建筑一体化的政策、对初始投资项目的补贴政策、对上网电价进行的补贴政策、地方政府实施的补贴政策。

2. 太阳能光伏产业政策中的税收政策

国家的税收政策能够直接影响社会的消费、交换、分配与生产。作为国家重要的宏观调控工具，税收政策能够有效地调控国家经济的发展方向，通过调节税赋水平实现产业结构的调整。目前，税收优惠是促进中国太阳能光伏产业发展的另一主要政策工具，主要包含所得税优惠、关税优惠与增值税优惠等。税收优惠是通过降低纳税人的负担而影响、改变其经济行为，这一作用能对社会经济发展起到特殊的作用。

（1）所得税。从所得税方面来看，政府部门未对太阳能光伏产业给予任何具体政策，只对《促进产业结构调整暂行规定》和《当前优先发展的高技术产业化重点领域指南（2007 年度）》，以及国家发改委发布的《当前国家鼓励发展的环保产业设备产品目录》等文件中规定的太阳能光伏产品，实行投资抵免与加速折旧等方面的税收优惠；光伏企业为开发新工艺、新产品、新技术所产生的研发费用，未能形成无形资产并计入当期损益的，在按规定据实扣除基础上，按研发费用的 50% 加计扣除；形成了无形资产的部分，按无形资产成本的 150% 摊销；购置并且使用相关目录规定的安全生产、节能节水与环境保护等专用设备的，此类设备的投资额的 10% 可以从企业当年应纳税额中进行抵免；如果当年不足抵免的，可在未来 5 个纳税年度进行结转抵免；对设于国务院规定区域的外商投资企业，隶属于新能源电力项目的，可按照 15% 的税率进行企业所得税的征收。

（2）关税。自 1998 年 1 月 1 日起，国务院决定面向国家鼓励发展的外商投资项目与国内投资项目的进口设备，在规定范围内免征进口环节增值税与进口关税。目前，我国对太阳能电池免征进口税。

（3）地方税收优惠。各地方政府给予了光伏企业较多的税收支持，并发布省市级的太阳能光伏产业政策以促进光伏产业的发展。尤其是在教育附加税、房产税、土地使用税等方面都予以大量优惠。例如，广西桂林市在 2011 年 7 月发布了《关于加快发展千亿元太阳能光伏产业的决定》，指出：在桂林市投资的光伏企业在享受国家优惠政策后，五年内完成并上缴税收地方留成成分的 50% 由受益财政奖励光伏企业用于研发和扩大投资。辽宁省锦州市早在 2007 年 3 月便发布了《锦州市人民政府加快发展光伏产业基地的若干意见》，指出：光伏企业从事技术开发、技术转让以及与其相关的技术服务、技术咨询取得的收入可以免征营业税；另外，光伏企业在产业园区兴建，能够享受省"五点一线"税收优惠的政策；新成立的太阳能光伏企业增值税的地方留成部分的一半返还给光伏企业。

政府部门针对太阳能光伏产业实施了一些税收优惠，与此同时，地方政府为推动区域经济发展，鼓励当地的太阳能光伏企业发展壮大，在税收优惠方面也作出了许多努力。如税费返还政策等都是光伏企业目前享受的优惠政策。可见税收优惠政策促进了中国光伏产业的发展。

3. 太阳能光伏产业政策中的其他政策

中国太阳能光伏产业政策除以上两类较为常见的政策外，还包含一些与上述两类政策稍有交叉的政策，如要素支持政策、政府采购政策与价格补贴政策。

要素支持类政策，指政府部门在土地、设备、资金等生产要素方面对太阳能光伏企业提供的政策支持。较为常见的政府部门的支持资金包含两类：一类是先进奖励，另一类则是为科研经费设立的风险基金。土地要素的获取是通过相关优惠或者低成本的土地使用权而实现的。其他还包含对先进设备与人才的引进，以及提供支持光伏企业的发展的平台建设与优质服务。政府采购政策，指政府部门通过财政资金进行的采购行为的政策，其主要依据法律集中采购限额标准以上的或者采购目录内的光伏产品或服务。价格补贴政策，指对太阳能光伏产品进行定价政策的激励性补贴措施。

通过对中国太阳能光伏产业政策的收集与整理，我们发现中国太阳能光伏产业政策的总体特征可以分为以下三方面：

第一，中国太阳能光伏产业政策中管制与规划类的政策工具过多。法规管制类的政策工具应用较多是由于早期的政策文本未能够切实有效地执行，从而使后来的政策文本在内容上反复提及；或者是因为早期的政策文本虽然得到了执行，但是没能达到计划中的政策目标，而在未来的政策文本中不断被强调。这一现象的存在使中国光伏产业的行业标准、国家标准与标准体系仍未得到完善，致使中国太阳能光伏产品在国际市场上缺乏核心竞争力。此外，较多对中国光伏产业发展具有深远影响的政策文本中，大多是目标规划类的政策。在较多地运用目标规划这一政策工具时，却没能与实践层面实现良好的互动。

第二，在众多太阳能光伏产业政策中，技术基础设施建设与资金投入类政策较多，而信息支持与公共服务等政策较为缺乏。产生此种现象的原因可能在于我国太阳能光伏产业的整体发展水平较低，在太阳能光伏产业的发展过程中，政府部门也强调了基础设施的建设。例如，较早开展的"光明工程"与随后推出的"金太阳示范工程"和"太阳能屋顶计划"等全国性的项目也被用来推动太阳能光伏产业技术基础设施的发展。伴随着光伏产业的示范工程的开展，政府部门也从财政方面给予了很大的资金支持。另外，伴随光伏产业的不断发展，光伏产业链中的企业对科技信息的需求持续增加，而目前政府部门对信息支持类的产业政策发布得较少。例如，中国尚未形成整体的光伏产业知识产权的保护体系，也未成功搭建效率很高的公共技术平台，用以促进共性技术或者核心技术的有效传播。

第三，在此次光伏产业政策收集的政策文本中，只有少量政策提及贸易管制与政府采购，外包政策尚未涉及。在此类政策工具中，政府部门的采购大都通过政府部门规定电网企业应收购太阳能光伏上网电量的方式实行。另外，产业政策通过贸易管制、外包与政府采购等手段来降低市场中的不确定性，并且积极拓展光伏市场，从而带动光伏产业的发展。如外包政策不但能够促进民间机构和企业参与光伏产业的开发和利用，而且能够减轻政府部门在人员与财政等多方面的压力，所以政府部门应着力加强此类政策工具的制定。

3.1.2　中国风电产业现状

参与风电产业链不同流程的企业即为风电企业，这些企业的不断成长构成了风电产业的发展基础动力。风电产业链的供求关系，会直接影响企业的上下游关系，在此基础上进行投入产出活动和确定生产经营流程。风电企业开展的生产经营活动类型较多，如建设风电场、设计研发风电设备、开发创新风电技术、消费风电资源等，实现产业结构的升级转型和丰富补充系统功能，通过开展不同的生产经营活动，获得先进技术和提高经济效益。本节内容立足于不同角度全面分析探究风电产业链，包括构成要素、上下游关系、实际经营发展情况等。

3.1.2.1　风电产业链

基于当前风电产业链上下游企业的实际情况，本节重点分析的内容为零部件供应、风电场建设和风电并网消纳等。

（1）零部件供应。

风机由众多零部件共同组装成，其主要包括控制系统、发电机、叶片、变流器等，还包括各类常规的金属构件，如主轴、轮毂、底座等。

中国风机零部件行业的发展时间较长，发展水平较高，取得较好的发展成果。如今，市面上的零部件制造企业数量越来越多，经营发展规模逐渐增大，零部件的设计研发水平增强。风电零部件企业重视引进利用其他国家先进的技术设备，根据风电设备零部件的生产制作流程，实施规范统一的质量控制方法，提供高质量的产品，性能优越，品质较高。众多企业独立设计制造各类核心零部件，如发电机、控制系统和齿轮箱等，掌握这些关键零部件的制造生产技术，可以促进中国风电产业的可持续发展。

风电零部件企业和风电整机企业共同进行各类核心零部件的生产研发工作，呈现出一体化发展趋势，行业集中度提高。众多整机企业在巩固原有竞争优势的基础上，涉足风机零部件的生产研发活动，如三一电气、联合动力和金风等，同时，自行生产各类关键零部件，包括控制系统、叶片和发电机等，部分企业生产其他风机零部件，如齿轮箱。我国自产自销大量的风机零部件，但部分零部件的技术含量和品质性能较低，仍然无法与其他国家的优秀零部件媲美。如设计组装风机机组时，必须搭配利用海外高端的控制系统，原因在于目前我国设计研发制造风机控制系统的水平较低。从变速恒频风电机组制造研发角度来说，众多企业和科研院所共同参与研制工作，如整机制造企业和知名科研机构等，设计研发配套的控制系统，然而由于研究时间较短，并未积累充足的实践经验，相较于世界一流的风电设备厂商，国内现有技术和产品仍然无法与这些优秀风电设备厂商相抗衡（如 Mita Teknik 公司等），以至于无法提供安全稳定、性能优越的产品。虽然我国风电企业重视研发创新变流器技术，但技术水平较低，目前实施的海上风电项目要求制造生产超大型单机容量风机，要求创新研发更高水平的风电技术和制造工艺，因此众多供应商要不断提高制造工艺的水平和自主研发创新水平来生产制造性能优越的零部件。

根据风机整机企业和供应商的交易情况，发现二者属于竞争合作关系。风电产业保持良好的发展态势，风机单机容量逐渐增加，风电产业企业承受着较大的竞争压力，整机企业和零部件供应商为了有效应对市场竞争，要建立更加密切的合作关系，不断研发创新技术，提高生产效率，获得先进制造工艺；风电产业的核心成本为风机成本，风电整机企业为了提高市场占有率，促进企业的可持续发展，有效控制和降低经营成本，就必须延长生产链条，自行设计加工各类所需的零部件。随着风电整机企业生产链条的延长，会逐渐挤压下游零部件供应商的生存空间，构成竞争关系，会影响该产业的专业化发展水平。分析研究零部件厂商的发展情况，我们发现随着我国风电设备产业的发展，整机企业和零部件厂商的协调合作关系会直接影响制造工艺和产品技术的创新研发情况，因此二者必须形成良好的合作互助关系，才能实现风电设备产业的可持续发展。

（2）整机制造。

根据不同企业的风电装机数量，确定早年新增装机量和累计装机量的情况，5 家整机企业（金风科技、华锐风电、联合动力、广东明阳和东方电气风电）的新增装机量名列前茅。累计装机量名列前茅的企业分别为华锐风电、金风科技、东汽东方电气风电、联合动力和维斯塔斯（Vestas）。目前，风电机组整机制造企业的数量减少，市场分散度有所提高。随着我国风电整机企业的稳健发展，企业能够大量供应产业所需的各类风电设备，物美价廉，质量较高，招投标时逐渐削弱国外企业的竞争优势，这些企业能够提供性能稳定、品质较高的风机设备，市场认可度较高，市场口碑较好导致国外风电整机企业的核心竞争力下降，市场占有率明显下滑。风机市场竞争秩序稳定后，市场关注点转变为售后质量、产品品质等，国内外企业将保持平等的竞争地位，共同参与风机市场的竞争活动。

在前些年风机市场需求明显低于实际产能的背景下，风机市场存在产能过剩的问题。根据电力企业的发展情况和实际需求，生产制造风机装备的整机企业面临的市场竞争压力较大。风机企业要重视控制和降低产品成本，提高自身的核心竞争力。然而，风机企业的无序竞争和过度压缩成本难以提供高品质、安全稳定的风机设备。国家应逐步颁布统一规范的检测标准，规范风机产业的发展竞争秩序，保证风电机组的产品质量，实现风电产业又好又快发展。

（3）风电场建设。

我国建设示范性风电场项目后，逐步加快建设开发的步伐和加大对风电场的管理。早期风电场的开发建设速度较慢，并未取得良好的实践成果，之后国家颁布实施《中华人民共和国可再生能源法》，起初风电装机容量仍占比较低，但是国家实施风电特许权制度后，风电装机容量明显提高，风电装机容量占比提升，建设开发风电场得到了有效助力。

首先，从建设角度来说，中国电力企业联合会科技开发服务中心对 2018 年度全国风电场生产运行指标进行了统计。截至 2019 年 5 月 31 日，共有 42 家发电集团、新能源公司所属 1888 家风电场，其总装机容量达到 14728.05 万千瓦。

除此之外，我国在各类区域优势明显的沿海地区建设海上风电，包括浙江、广东和江苏等，根据自身的区位优势，明确海上风电的建设目标和发展规划；而且，海南福建等地区，根据自身的发展情况，制定和完善海上风电的建设目标和发展规划。

其次，根据风电装机容量的变化情况，发现国家建设运营示范风电场后，在短时间内风电装机容量明显提升，21 世纪以来，增长速度明显放缓。国家颁布相应的法律法规，建设特许权招标项目，风电装机容量明显提升，2003～2009 年间，风电装机量和风电装机容量始终保持上升趋势，年增长率明显提升，说明我国风电产业保持良好的发展态势。国家能源局数据显示，2007～2010 年间，风电装机容量明显提升，早期约为全国电力装机总容量的 1%，到 2011 年这一数字上升至 19.73%，1760 万千瓦的新增容量，明显提高了风电装机容量的占比，累计装机容量超过 6300 万千瓦，约为电力装机容量的 6%。我国重要的电力来源分别为火电、水电和风电，是国家能源战略的核心能源，足以证明风电产业的战略地位和重要作用。

再次，从分布区域角度来说，不同区域内的风能技术、装机容量和资源开发量存在较大的差距。部分区域的风电装机容量较大，拥有丰富、可开发的风能资源，掌握较为先进的开发技术，如内蒙古、吉林、甘肃等。部分地区虽然存在丰富的风能资源，但是难以开发和利用这些风能资源，风电装机容量较低，如新疆等。国网新疆电力统计数据显示，新疆地区可开发利用的风能资源储量超过 1.2 亿千瓦，累计装机容量为 230 万千瓦，说明现有装机总量和风能资源储备量的匹配度较低，与甘肃内蒙古等地区的差距较大。新疆地区新增风电装机数量较低，是因为该地区虽然拥有丰富的风能资源，但是位于我国偏远的内陆地区，风电并网传输难度较大，运输消耗成本较高。

最后，在综合考虑风电装机容量的变化情况和风电场的建设开发问题后发现，中国风电产业保持良好的发展态势和较快的发展速度，目前已建设开发更多风电场。风电场的数量增多，发展速度较快，未来要重视提高运营管理水平，才能实现风电场的持续运营和可持续发展。根据不同地区的区位环境和风能资源特点，明确风电场的建设规模，采取科学完善的管控模式。如今，虽然风电产业保持良好的发展态势，但是整体运营管理水平较低，要加快建立健全相关的体制机制，建立科学完善的管理体系和管控标准，才能有效管理和监控风电场。

（4）并网和消纳。

欧洲不同地区的经济发展水平差距较小，风能资源分布较为平均，因此这些国家采用分散式风电发展模式，典型特征是就地消纳和小规模开发利用。我国不同地区的经济发展水平差距较大，风能资源分布不均衡，主要集中在东南沿海地区（山东、江苏等）以及华北、西北等地区（内蒙古、新疆等），内陆偏远地区距离电力负荷中心较远。根据电力负荷需求、风电并网传输难度、地区能源需求量和风能资源分布情况，明确我国的风电发展模式，典型特征是远程输送和大容量开发。风电产业并网容量明显提高，发展速度较快。国家能源局统计数据显示，三北地区的并网装机容量最多，居于前10位的省区的并网容量约为并网总容量的90%。

想要风电并网保持良好的发展态势和较快的发展速度，促进风电产业的可持续发展，就必须解决并网消纳的问题。风电产业经营发展过程中，强调提高发电装机能力，但是并未分析探究并网问题，国家重视建设和完善相应的基础设施，重视开发创新并网技术，风电装机容量明显提升，出现更为严重的风电并网问题，限电"弃风"导致风电产业遭遇发展瓶颈。分析探究全国不同地区（河北、云南、内蒙古、辽宁、黑龙江）风电企业的出力情况后，我们发现受到电网限电的影响，并网装机容量虽然超过1800万瓦，但实际电量损失超过59亿千瓦，说明我国风力发电的实际电力损失较大，而造成这一问题的原因就是限发。

在分析研究电网企业和风电场的内在联系后，我们发现电网企业和风电场建立市场交易关系时会受到国家宏观政策的影响。风电的安全性、稳定性和经营成本明显劣于水电和火电，要将市场运作机制和国家宏观干预政策相结合，才能实现风电并网的稳健发展，有效利用商业化运作模式。然而，我国并未科学规划风电产业的发展蓝图，难以协调处理电网建设和风电场建设的内在关系，无法将电网风电场的建设审批工作相结合，虽然建设运营部分风电场，但是无法进行并网发电。如今，风电产业的可持续发展受到风电场并网传输的影响。风电并网需要攻克的难题包括标准开发、发电预测技术和高压传输技术等，因此，要综合考虑和协调统一电网和风电场，减少利益矛盾纠纷，要立足于不同层面分析探究风电并网消纳问题，实现我国风电产业的可持续发展。

此外，风电产业链关系也需要进一步厘清。主导企业和供应商企业是风电产业链上的不同类型的企业，同一环节不同企业的内在联系和产业链不同环节企业的内在联系各不相同。产业链上处于不同环节企业形成良好的合作关系，必然需要相关政策制度的配合和支持，这是产业治理的核心内容。随着风电产业的发展，各企业在风电产业链的职能和角色也会发生变化，在特定时期内承担供应商和主导者的双重身份。我们通过纵向分析和研究产业链上不同企业的内在联系，概括归纳出了不同的交易治理模式。首先是市场化治理，通过不同企业的上下游交易建立市场关系和开展交易活动，其中，市场价格是重要的连接枢纽。其次是模块化治理，上下游企业通过分工合作进行产品的设计研发和生产制作，通常来说，此类上下游企业会长期保持依存合作关系。再次是关系型治理，不同交易合作主体的经营实力相似，可以利用效应杠杆建立制约合作关系，在合作过程中起到良好的制约作用，实现优劣势互补和合作共赢。最后是领导型模式，供应商会过度依赖领导企业，根据领导企业的要求，生产特定的产品或提供特定的服务。最后，科层式治理，它的典型特征是纵向一体化，建立科层式治理模式，起到良好的管理控制效果，促进产业的稳健发展。风机整机厂商和零部件供应商、风电厂之间的关系，共同构成该产业链的上下游关系，位于风电产业链的不同流程，企业的内部关系较为复杂。如风机整机企业和风机零部件企业主要采用模块化管理，根据整机厂商的需求，由零部件企业生产和提供不同类型的零部件。

3.1.2.2　产业发展现状

我国的风能分布非常丰富。作为太阳能转化形式的一种，国内的风能资源总量与美国基本持平。结合专业观测网和气象局测风资料，我国风能资源较为富集的区域为西北地区、华北地区、东北地区和沿海地区。

《中华人民共和国可再生能源法》[①] 作为我国系统性的能源法，开始施行后，自此国内的风电行业成长喜人，产业链整体结构基本形成。据国家能源统计局数据显示，在 2007 年往后的四年时间里，并网发电机由 600 千瓦升级为 1500 千瓦，再升级为 2000 千瓦，通过技术和设备的国产化生产也逐步成熟，机组最大容量超过两兆瓦。2006 年国内超过 1 兆瓦的风电机组约占当年总装机量的 1/5，随着技术的成熟和资金的投入，2010 年这一数据已高达 87%，超过 1.5 兆瓦的风电机组超过 6800 台，装机容量为 1018.5 万千瓦，约占总新装机的一半，同时当年 2 兆瓦以上的风电机组研发也基本成功，这表明我国风电产业当时获得了快速发展，与国际发达国家之间的距离也正逐步缩小，并且对于多兆级别风电机组的生产，其核心零部件和工艺技术已呈现国产化，能够具备批量生产的前提，并通过完善产业链，形成足够的市场竞争力。

2017 年，中国风力发电累计并网的容量已经达到约 1.64 亿千瓦，同比增加了 10%，海上风力发电累计的并网容量则达到 0.02 亿千瓦，同比增加了 37%；陆上风力发电成本逐年降低，较十年前已下降了约 46%。从风力发电的装备制造角度来看，产业竞争愈发激烈，市场集中度持续上升，排名前 5 的风电机组制

---

① 《中华人民共和国可再生能源法》已由中华人民共和国第十届全国人民代表大会常务委员会第十四次会议于 2005 年 2 月 28 日通过，自 2006 年 1 月 1 日起施行。

造商的市场份额已经达到 67%；其中，大容量的风力发电机组得到快速发展，吊装技术与海上风力发电制造取得突破，风力发电服务行业悄然兴起。

2021 年，中国风电新增并网装机 4757 万千瓦，累计并网装机容量达到 3.28 亿千瓦，展现了中国风电产业链的强大韧性及实现开发规模倍增的潜力。国家能源局数据显示，2021 年中国风电发电量达到 6526 亿千瓦时，同比增长 40.5%，是中国第三大电源。经过多年努力，全国各地弃风现象得到逐步缓解。此外，中国风电产业在技术方面领跑全球，不仅具备大兆瓦级风电整机自主研发能力，且已形成完整风电装备制造产业链，制造企业整体实力与竞争力大幅提升。

3.1.2.3　风电政策

1. 政策法规

分析研究产业政策时，首先要确定产业政策的划分标准，划分依据为研究目的。本书分析探究风电产业发展和产业政策的内在联系，在此基础上确定风电产业政策的划分标准，主要包括以下几种类型。

首先是点式政策，是产业链运营过程中某个流程或环节存在问题，这是为了帮助某个主体解决问题或调节特定环节的内在联系而实施的政策，又称为微观政策。为了解决特定问题或满足特定目标采取的政策，会关联某些利益主体，会对应到特定的行为主体关系，可以取得良好的实践效果和完成既定的目标。链式政策的制定是在点式政策的基础上形成的。如电力工业部为了解决并网问题，以及国家发改委为了解决选址问题，分别颁布和实施了《风力发电场并网运行管理规定》《风电场场址选择技术规定》，这些点式政策分别对应特定的产业链环节和行为主体，具有明确的目标和要求。其次是链式政策，是产业链运营过程中，为了实现整体进步和创新发展，解决众多参与主体的问题或调节不同环节的内在联系实施的政策，又称为中观政策。它包含产业链不同环节的内在联系以及不同行为主体，由众多政策目标构成。从国家战略角度出发，相关部门积极响应国家的宏观发展战略，以实现产业链创新发展为目标，颁布和实施的产业链式政策。如国家发改委科学规划设计风电场项目，解决并网问题，有效利用各类风电设备，选择合适的建厂地址等，如《风电建设管理有关要求的通知》等。最后是网式政策，是为了实现不同产业链的协调发展，实现技术创新进步，为国民经济快速发展增添动力实施的经济战略和发展规划，它包含风电产业的某个流程或多个流程，又称为宏观政策。网式政策由多个产业和众多政策目标共同构成。如国家确定下一阶段的发展方向和战略规划时，颁布实施五年发展规划，与产业进步、技术创新、经济发展、新农村建设等相关，这些发展规划会从不同角度影响风电产业。制定实施这些政策是为了技术进步和促进国家经济发展，尤其是某些政策细则能够推动风电产业的发展，影响与风电产业相关的链式政策或点式政策。

这些政策的类型对应的政策目标、相关的行为主体和覆盖的范围存在差别。政府要综合判断分析风电产业运营发展过程中存在的问题，精准识别问题涉及的不同行为主体、问题难度等内容，在此基础上制定科学的产业政策。本书结合我国风电产业在不同时期的发展情况，搜集整理和全面分析这些产业政策，深入分析探究政策的不同行为主体、实践措施、政策目标和具体类型，营造出特定的政策制度环境。

2. 政策发展

首个风电产业相关政策最早可追溯到 1994 年，之后国家颁布实施其他产业政策，逐步建立较为系统完整的政策体系。本书归纳总结了不同发展历程的风电产业政策的特征，其具体内容如下所示。

20 世纪末，中国风电产业的发展时间较短，整体发展水平较低，政府仍然处于观望摸索阶段，并未颁布实施相关的指导政策。风电产业早期发展过程中，利用外资进行初步探索和尝试运营规划风电场，如新疆的达坂城风电场等，依靠境外贷款规划和建设风电场。

示范风电场取得良好的运营效果，重视引进和研发各类风电设备和风电技术，强调产业的标准化、规范化管理运作，颁布各类指导意见和发展纲要，促进我国风电场的稳健发展，努力解决并网问题。如《中国新能源和可再生能源发展纲要（1996~2010）》，指出在当前的新能源形势下，国家要重视支持和鼓励风电产业的发展，或颁布各类指导意见和鼓励政策，如"双加工程"等，要重视购买和引进其他国家先进的风电技术设备，还要重视研发国产风电设备和风电技术，为设备制造业注入发展活力。早期国家主要颁布实施的链式政策为了实现风电产业的整体进步和创新发展，涉及了众多的政策目标和不同的行为主体。

21 世纪初，围绕风电产业发展颁布实施点式政策，实施标准规范的管理流程，科学规划和稳健开发建设风电场。如《风电特许权项目前期工作管理办法》规划建设风电场项目时，利用市场竞争机制和招投标机制，之后结合相关的指导意见和规定内容，全面分析探究和详细规定了风电场建设的不同内容，包括地势勘察、资源评价、投资策略、规划意见、选址策略和实践可行性等。在此阶段内，国家主要颁布实施各类点式政策，起到良好的规范指导作用，为风电场建设开发增添助力，提供具体可依的指导意见和管理方案。

2005 年后，国家颁布实施 20 余项产业政策，在风电产业早期发展过程中起到重要的支持推动作用，适用范围较广，进一步提高该产业的战略地位和发展实力。如《中华人民共和国可再生能源法》指出在当前的能源形势下，国家要大力扶持和推广可再生能源，通过相应的法律法规提升风电产业的战略地位，为风电产业的快速发展奠定坚实的法律基础。为了贯彻落实该法律法规，国家根据风电产业的发展情况并结合能源法的相关规定，颁布实施相关的风电政策法规，贯彻落实政策条款；并且，将风电产业纳入中长期科技发展规划中，颁布各类优惠政策和扶持措施，为风电产业发展注入活力。

国家为了促进风电产业的可持续发展，颁布各类优惠政策和扶持措施，营造良好的政策环境，起到良好的支持推动作用。点式政策帮助风电产业的某个主体解决问题和调节产业链的特定环节，干预引导市场运行机制，如风机设备国产化率的规定等，有利于推动风电的上网应用。然而，国家的宏观调控政策无法发挥市场运行机制的作用，也要意识到这些政策的不足之处。

2010 年后至今，国家根据风电产业的不同行为主体、经营活动、运行环节等，颁布实施相关的政策规定，逐步建立系统完整的政策体系。但是，这一阶段内，风电产业保持良好的发展态势和较快的发展速度，而政策规定和政策产业体系的完善补充速度远滞后于风电产业的发展速度，国家应尽快补充和完善相关的法律法规和政策规定。此外，在该阶段内，还应鼓励市场运行机制，如《关于取消风电工程项目采购设备国产化率要求的通知》，不同国家风机企业在招投标活动中的竞争地位相同，不再实施风电设备国产化率。而且，修改和补充《可再生能源法修正案》中与风电产业相关的政策规定，如风电并网电量和批准流程等。

风电产业不同发展阶段，实施的政策类型和政策目标各不相同，早期以点式政策为主，解决产业链的特定问题或提高特定主体的水平和生产效率；之后将网式、链式政策结合，强调产业链的综合发展和协调不同环节，不同行为主体的内在联系。

3. 政策主体

通常来说，主要由中央地方政府颁布实施各类产业政策，在风电产业经营发展过程中起到良好的规范引导作用。政府分析研究风电产业政策主体时，提出不同的行为假设，首先是"慈善政府"，为了维护国民群众的共同利益，实现国家经济的平稳发展和促进风电产业的可持续发展，颁布实施具有持续性、长远性、科学性和全局性的政策法规；其次是"经纪人"，地方政府为了获得良好的考评结果和促进地方经济的发展，以提高自身收益为目标制定的政策和实施的行为。

研究发现，中央政府中的诸多职能部门，在风电产业发展过程中制定不同的产业政策，这些职能部门的工作权限、职能要求和权利性质各不相同，负责制定实施财税政策、审批通过各类项目、明确发展规划和确定环保目标等，如财政部、国家发改委等。受到市场运行机制的影响，不同级别地方政府抢夺分配资源和实现地方利益最大化，制定和实施的风电产业政策。中央政府下达政策，地方政府负责开展具体的实践活动，支持推动风电产业的稳步发展。

中央政府的诸多职能部门共同参与制定风电产业政策，如财政部、能源局、国家发展改革委和生态环境部等。综观这些不同的政策主体发现，国家发改委制定的政策数量最多，在制定政策和推动风电产业发展过程中起到重要的作用。分析探究不同政策主体制定的政策类型发现，全国人大主要制定各类网式政策，涉及不同的行为主体和产业，影响范围较大，涉及内容较多，一些具体的条款细则会影响风电产业的发展。如颁布实施的《可再生能源法》从宏观战略角度补充完善相应的法律法规和提供具体的规划指导，明确可再生能源的利用发展方向，相关的条款细则可以指导风电产业的稳健发展。国家发改委主要制定点式、链式政策，解决风电产业发展过程中某个行为主体的问题或协调不同行为主体的联系等。其他部门主要制定点式政策，解决风电产业发展过程中的特定问题，或是为制定链式政策提供意见。

4. 政策目标

根据风电产业的发展历程，可以发现风电产业早期经营发展过程中，需要投入大量的开发建设资金，建设周期较长，投资收益较低，单纯通过市场调节机制难以获得充足的建设开发资金，也无法有效协调利益分配关系。这就要求政府利用不同的政策和工具引导市场发展，干预引导不同市场主体的经营行为，颁布各类优惠政策和实施扶持措施，提供各类扶持资金或资源设备，帮助风电产业解决早期的发展难题，这是风电产业早期发展的典型特征。风电产业的发展会受到诸多不确定性、不稳定性因素的影响，风电产业颁布各类扶持政策和指导意见，就是为了减少各类不确定性、不稳定因素的干扰和影响，实现风电产业的平稳发展，营造和谐的制度政策环境，实现产业的平稳发展和升级转型，后文将具体介绍政策目标：

（1）弱化和减少技术不确定性的负面影响，实现风电产业的平稳发展。要根据风电产业的实际情况、特征特点和技术要求，搭配使用不同的政策工具，在科学研究和技术创新活动中投入更多的资源，通过资源资金的投入进行技术研发和创新，让社会大众和不同经营参与主体正确理解和认识风电产业，确定风电产业的研发方向和发展路径，从而弱化和减少技术不确定性的负面影响。要投入更多的研发资金和相应的技术设备，才能获得更多的知识供应量，实现产业技术的革新和进步，使行为主体掌握先进的知识技能，具备较强的创新研发能力。可供政府选择和利用的政策工具较多，如税收政策、人才引进政策和财政补贴政策等。

（2）弱化和减少市场不确定性的负面影响，实现风电产业的平稳发展。要根据风电产业的实际情况、风险特征特点等，搭配使用不同的政策工具，建立健全风险调节分担机制，根据不同发展阶段的特征特点、产业链流程和参与主体的行为等，有效分散和控制市场不确定性，由不同流程中的不同经营主体在不同发展阶段内承担这些市场不确定性，通过分散产业风险，弱化市场不确定性带来的负面影响。研究发现，未建立健全风险分担机制会干扰和影响产业创新研发活动，难以快速转化和利用科技成果。通常来说，为了弱化和减少市场不确定性带来的负面影响，可供企业选择利用的政策工具较多，如政府采购政策等。

（3）弱化和减少收益分配不确定性的负面影响，实现风电产业的平稳发展。产业链中不同参与主体开展各类经营活动是为了获得经济收益，为了实现产业的平稳发展和协调不同行为主体的利益纠纷，要实施公共政策。企业创新研发的风电技术和获得的知识技术溢出，会影响风电市场的利益分配情况和企业的整体收益，风电并网方式的差异会影响开发主体和电网企业的实际收益，颁布实施相应的政策，实现产业链不同参与主体利益的公平分配，维护创新主体的创新利益，是制定风电产业政策的重要目标。为了达到这一目的，企业可选择相应政策工具来弱化和减少制度环境不确定性的负面影响。风电产业的发展方向、经营模式和转型升级道路，会受到国家颁布的规章制度、法律法规和指导意见的影响。国家要颁布科学的规章制度，尽快完善相应的法律法规，建立科学完善的公共政策体系，为风电产业健康发展增添活力，让社会其他投资主体对该产业形成正确的认知和获得良好的投资预期。政府通过颁布相关法规与政策工具，让其他市场参与主体科学预估风电产业的投资成本收益。

分析研究现有的不同风电产业政策目标后发现，国家目前实施的各类产业政策主要是为了弱化和减少技术不确定性的负面影响，部分产业政策是为了弱化和减少制度环境不确定性的负面影响，与收益不确定性、保护创新主体的创新收益和协调分配经济收益相关的政策制度较少。而且，现有的与收益分配和利益协调相关的政策制度，难以起到长期有效的指导作用。结合风电产业政策目标分析，可以看出国家重视风电技术的创新研发和产业的合法合规发展，强调科学利用风电资源，但是并不重视风电的合理利用和利益分配等问题。未来国家制定实施相关产业政策时，要重视挖掘市场潜力和协调利益分配关系，减少各类不确定性因素的影响，为风电产业的可持续发展提供基本的政策支持和保障。

3.1.3　生物质能产业现状

3.1.3.1　我国生物质能资源

目前，我国生物质能源资源主要包括五类生物质能资源：（1）畜禽粪便、尿粪和尿液资源。根据不同禽粪和尿液的生产热量，平均每吨畜禽和尿液可产生100立方米沼气，如果它可以得到充分利用，可以产生大约1000亿立方米的沼气，相当于约7200万吨标准煤。（2）城市有机垃圾和废油。（3）林业剩余量。在我国，森林生物残体主要是木材加工残体、森林伐木剩余物、各种森林剪枝所得剩余物，在各种剩余物中，木材加工和森林废弃物约7760万吨，折合约4400万吨标准煤。（4）农作物秸秆。（5）工业有机废弃物。工业有机废弃物主要来自粮食、屠宰、酿酒、发酵等农副产品加工业。

此外，绿色植物以本能的光合作用为转化方式，将太阳能源以化学能源的方式在生物质中进行临时存放的模式称为生物质能模式，这种临时存放的能量可以转变为气状、液状和固体能量，事实上地球上大部分生产生活所形成的废弃物品，理论上都可以作为生物质能的原材料，生物质能够对石油、天然气和煤炭等传统燃料进行替换，同时生物质能有着良好的循环利用和再生能力，是可以开发利用、效果非常理想的新能源。

2020年我国具有5亿吨标准煤量的生物质资源，并且六成多可以进行使用，比如当前较为流行的生物质能发电，即是通过农工林业的有机废弃物和生活垃圾等材料，经过复杂的反应进行气化或燃烧，进而获得社会所需的电量。另外按照发电类别的不同，生物质发电可以分为直燃类、沼气类、煤混合类和气化类，随着科学技术的进步，生物质发电受到学术界的持续关注。现阶段我国的生物质能发电原材料主要来自于农业作物和生活垃圾的焚烧①。

国家能源局数据披露，国内生物质能企业的发电总量不断增加，同时成本投资总额也连年增长，这表明生物质能行业受到社会和民众的追捧，未来具备较强的发展潜力。

---

①　垃圾焚烧发电是把垃圾焚烧厂和垃圾焚烧设备引进、消化吸收再创新的工作。生活垃圾焚烧烟气中的二噁英是近几年来世界各国所普遍关心的问题。二噁英类剧毒物质对环境造成很大危害，有效控制二噁英类物质的产生与扩散，直接关系到垃圾焚烧及垃圾发电技术的推广和应用。

3.1.3.2　生物质能产业发展

随着全球范围内对于环境保护的持续关注和科学技术的进步，近年来生物质能产业的发展在国际范围受到关注，很多西方发达国家将发展低碳环保技术、开发新能源以及扶持新能源产业作为未来的发展重心，通过政策转移和资金投入，推动生物质能企业的成长。国内新能源行业起步较晚，对于生物质能企业的生存和发展环境保护相对滞后，但近年来国内通过鼓励技术创新和工艺改革的方式，鼓励新能源企业进行知识突破，并通过转变经济发展方式，着力将新能源行业培养为新的经济增长点。在此背景下国内生物质能受到政府为主体单位的统筹开发和利用，并在政策方针扶持下，坚持多元化发展和高效率利用，同时对已经成熟的技术进行普及和推广。国家通过颁布新政策和法律，对生物质能产业的发展进行进一步保护和扶持，在国际经济乏力的背景下，国内生物质能行业仍取得较快的发展速度和稳定的成长业绩，近年来生物质发电站的建设总量和发电总量逐年增加，对于农林工业原材料的利用量也稳步增长，生物质能行业通过固、液、气三种形态并举的发展模式，实现多元化、综合性、高科技的发展势头，生物质能行业在未来仍具备很大的发展空间。

从装机规模来看，据国家能源局数据统计，2021 年我国生物质发电新增 808 万千瓦，占全国新增装机的 4.6%，生物质发电装机 3798 万千瓦，占全国总发电装机容量的 1.6%。随着生物质发电快速发展，生物质发电装机容量在我国可再生能源发电装机容量中的比重呈逐年稳步上升态势。截至 2021 年底，我国生物质发电累计装机容量占可再生能源发电装机容量的 3.6%。如将我国 40% 的生物质能加以能源化利用，则每年可替代标煤 4 亿吨，减少二氧化碳排放 10 亿吨以上。可见，生物质能的持续发展，对于产业链中的其他环节也有明显的促进作用，例如能够促进农民收入、提高经济增长、培养新附加产业、保持生态平衡和维持社会稳定等。国家各级政府将进一步加大对生物质能行业的扶持，有利于涉足行业的企业以及产业链附加的企业的发展。

3.1.3.3　我国生物质能的政策体系

未来我国生物质能源的供应量将继续增加，我国生物质能产业在技术水平和成本控制等各方面上将逐步成熟，总的来说，我国生物质产业有巨大的发展潜力，这离不开产业政策的作用，其政策体系的搭建也具备了基本框架。

1. 生物质能产业管理体系

我国大部分生物能源在管理主体等方面都有涉及，形成了现在复杂的生物能源产业管理体系。最高管理者是国家能源委员会，国家能源局是国家发改委的下属机构，主要负责能源部门的各项事务，同时负责执行国家能源委员会下达的指标和命令，除此之外，国务院下属机构：农业农村部、国家发展改革委、工信部等相关部门，根据其相关职能参加生物质能源的联合管理，采用低水平分散能源管理模式。

国家能源委员会组织协调各部门，制定重大战略决策。国家发改委是我国能源管理体系的核心成员之一，在制定能源规划方面发挥主导作用，如《中长期可再生能源发展规划》等。农业农村部是中国生物质管理体系的另一个重要组成部分。由于生物质原料主要来自农林产品，农业农村部在生物质能发展中也起到不可忽视的作用，主要是协调不同的农林资源，为农林资源提供相应不同的优惠政策，达到促进生物质有效利用的目的，同时，它也承担监督生物质能的发展对我国粮食安全产生影响的职责。科技部在我国生物质产业发展中同样发挥着重要作用。科技部也参与了相关措施的制定，促进了相关技术的研究，在生物质能源的应用效率方面也有提高。工业和信息化部（Ministry of Industry and Information Technology，MIIT）制定了相关政策措施，在生物质能发展过程中，为生物质公司生产过程的标准化提供了支持。财政部的主要任务是制定对生物质生产企业的税收优惠政策或补贴，以促进生物质能产业的发展。现在的生物质能管理部门之间的工作分工主要在生物质能研发、生物质能源的资源管理、生产、市场监测上。

2. 生物质能产业政策法规

20 世纪 70 年代末 80 年代初，农村能源普遍缺乏。这也是我国开发并制定生物质能源政策的最初想法，因此，国务院和有关部门采取鼓励措施，支持沼气、秸秆燃气等生物质产业发展。2005 年 2 月，国家颁布了《中华人民共和国可再生能源法》，首次为生物能源产业的发展提供了系统的政策和监督指导机构。它是一个重要的里程碑，以法律条文的形式说明了政府的责任、企业的义务、公民的权利和义务以及它们之间的法律关系，并且都以法律的形式规定。此外，2021 年 8 月，国家发改委、财政部、国家能源局联合印发《2021 年生物质发电项目建设工作方案》。方案总体明确了"以收定补、央地分担、分类管理、平稳发展"的总体思路，推动生物质发电行业平稳健康发展。

由于生物质能与其他可再生能源有很多共同点，本书仅就生物质能的关键问题进行探讨：首先，政府需要出台有关生物质能的政策，并且该生物质能政策必须得到社会和市场经济的支持。按照这一法律精神，国务院有关部门就促进生物质能源发展也出台了不少相关的重要政策。完善的规章制度为生物质能的发展提供了基本的政治和法律框架，它也是我国生物质能开发利用政策和地方性法规的制定基础。

3. 生物质能产业鼓励政策

各类经济政策激励措施分为积极激励和消极经济对策：积极激励经济政策，如各种形式的价格优惠、低利率贷款、补贴、税收减免、折扣等；消极经济对策，如碳税等，能源税和排污费，迫使企业一定要遵守国家能源政策，采取措施适应当前市场状况的市场机制。

总的来说，目前中国对生物能源产业实施了扶持政策，包括价格优惠、生物能源补贴、收取化石燃料排污费等，对于生物质能源研究机构和有关企业采取贷款贴息政策。2006 年，国家相关部门发布了《可再生能源发电有关管理规定》等三项规定，说明了利用可再生能源发电的价格，其中明确提出生物质净价格由政府直接制定。此外，生物质开发项目投产之日起两年内，国家按每千万 0.25 元的标准给予生物质开发价格补贴。2006 年，国家发改委和国家税务总局共同出台了《关于发展生物能源和生物化工财税扶持政策的实施意见》，这说明国家税务总局对生物质能源相关行业采取一定的财税减免政策，包括税收优惠、亏损补贴等。2020 年 9 月，国家发改委、财政部、国家能源局联合印发了《完善生物质发电项目建设运行的实施方案》，引入了信用承诺制度，补贴资金中央与地方分担。此外，2021 年 8 月，国家发改委、财政部、国家能源局联合印发了《2021 年生物质发电项目建设工作方案》，对补贴项目进行分类，既保障存量项目有补贴纳入，也保障补贴用于竞争性配置项目。

地方政府和有关职能部门也是我国生物质研究开发的参与机构。其中，还包括生物技术机构，它们所采用的具体方法和规定在生物质能的研究和开发中起着重要的作用。据中国生物技术发展中心统计，我国有 500 余所生物技术研究机构，包括大学、实验室、生物技术研究所。我国生物质能源产业研究与发展的基本结构是基于《可再生能源法》的，但各部门、不同规章制度均在共同有序地推进产业研究与发展。

（1）宏观规划——因地制宜。根据《可再生能源法》，根据当地经济发展、环境保护和资源位置，根据各地的经济发展和地理情况，县级以上政府正在规划可再生农村资源，并出台激励政策。国家积极促进和支持农村生物质产业的发展，注重因地制宜，特别是农村因地制宜的基本思路，发展沼气等生物质研究开发项目。（2）领域全面——积极引导。国家有关部门制定了大量的相关优惠政策，用来引导和鼓励企业和科研机构，在生物质研究上投入更多的时间和精力，如税收、进出口、技术转让、市场营销等。（3）发展规划——创新体系。2008年，国家发改委发布的历次《可再生能源发展规划》指出我国的可再生能源发展的长期目标是建立技术创新体系规划。（4）专项资金——重点扶持。根据《可再生能源发展专项资金管理暂行办法》，给出了包括生物质能在内的非化石可再生能源专项资助拨款，并给予重点支持；该拨款由中央财政直接发放，用于可再生能源领域的研究与发展，中央政府才能在一定程度上推动生物质能领域的研发。除此之外，2004年，财政部在可再生能源领域出台了更加详细的《专项资金管理办法》，对研发资金的管理作出了较为详细的规定。

3.1.4　中国核电产业现状

3.1.4.1　中国核电产业发展

核电作为我国电源结构中的重要组成部分，经过几十年的发展已经取得了可喜的成绩。在核电生产、核电投资以及核电装备制造等方面都有了长足进步，在世界核工业体系占据了重要地位。19世纪70年代起，国内对于核电技术的研究开始进行，虽然全球范围内由于切尔诺贝利核事故的影响，对于核电开发的热情逐步消退，但国内对于核电开发和利用仍进行持续的研究。

1985年起中国自行建造的首座核电站，即秦山一期核电站开始投入建造，并于6年后进行并网发电，1994年4月起正式投入运营，秦山核电站标志着我国核电开发具备较高的安全标准和商业运营的能力。1994年底，国内核电企业的总装机量占全国总量比例与核电发电量占总发电量比例均微不足道，经过二十年的技术研发和工艺革新，国内核电产业结构得到了充分优化，核电技术和安全技术也获得国际认可，不仅具备30万千瓦、60万千瓦和100万千瓦级压水堆核电站的自主建造和开发能力，同时在稳压器、蒸汽发生器和主设备压力容器等关键设备的研发、制作、加工和安装上，也具备较强的技术水准。虽然切尔诺贝利核事故和日本福岛核事故对全球的核电发展带来较大冲击，但我国核电行业在经验累积的基础上，以安全为第一要务，通过加强内部管理和外部监督的方式，获得持续稳步的发展。

核电安全规划和核电中长期发展规划进行了十年的预期布置，预测到2030年，核电企业的总装规模将在1.6亿千瓦和2亿千瓦之间，占总一次能源消耗量的5%以上。

国家能源局统计数据显示，截至2017年末，全国范围内现存投入使用的核电机组数量共计37台，这一数量为世界总量的8%左右；与此同时，在装机容量方面，2017 年我国装机容量约为世界总容量的 9%，具体数值为 3600 万千瓦。此外，在运核电机组方面，当年发电总量约为 2500 万千瓦，总体呈现出中高速增长态势，较 2016 年同期增加 16.3%。据国家核安全局数据统计，中国核电发电量呈增长趋势，2021 年 1 ~ 12 月，全国运行核电机组累计发电量为 4071.41 亿千瓦时。

在世界上所有使用核能的国家中，我国在运核电机组的发电量排名位列第三。在我国不同地区，利用核能发电的情况有所不同，其中，排名较为靠前的分别是广东省、福建省以及浙江省，此种情形的出现也与当地经济发展对能源的巨大需求密切相关。同时，当前我国处于建设阶段的核电站的数量为 20 台，这在全球范围内都位居前列，在建规模同样不可小觑。在技术方面，在建核电站同样有所突破，十分注重应用科学的技术手段。然而，尽管近年来我国在核电站的发展方面总体表现比较迅速，且发展动力充足，但从整体而言，我国在核能源的利用方面并未处于世界领先地位，仍然存在很大的发展潜力。

当前，根据国家有关核电站发展所进行的总体规划，我国有许多地区已经出现在专门保护名录中，且国家有关单位针对选址区进行了广泛深度调研，切实研究在当地建设核电站的可行性，进而为我国的核电站建设工作打下基础。目前，许多地区的核电站建设工作正在有序推进中，在此过程中，已经完成相关的征地及搬迁工作的地区有桃花江、咸宁、彭泽等地，且当地相关核电站的基础配套设施的建设工作都已经在有序推进，能够为我国核电站早日完成建设投入使用提供有利条件。除此之外，共有 6 个核电站厂址的征地及搬迁工作正在进行中，不久也即将展开配套设施的建设工作。

现阶段，我国十分重视发展核电产业的技术装备，这为核电站的建设提供了诸多有利条件，也为我国核电站发展迈上新台阶提供了必要的保障。众所周知，我国的核能产业经历了漫长的发展过程，核电站在技术改进方面始终走创新发展之路，探索技术革新，并在不断摸索中逐渐掌握核心关键技术，这也为我国核能产业的发展奠定了坚实可靠的基础。其中，特别值得说明的是，我国在核设备的制造产业方面表现尤为突出，在世界核设备市场上也占据了不容忽视的重要位置，在核设备的研究、开发、制造、应用方面都体现了自主创新的突出特点。我国核装备技术方面发展十分迅速，着重关注对核电技术所进行的开发与改进，当前正在建设的核电站已经普遍使用第三代核电技术，且第二代核电机组的国产化率也已经超过 2/3 的高比例。与此同时，我国生产成套类型核电设备的实力同样有目共睹，在此方面发展十分迅速，当前在生产成套类型的核电设备方面，我国有关企业已经能够完成 8 套/年的生产供应规模。除此之外，在第三代核电技术的开发与应用方面，从政府到制造企业，各个单位均十分重视其研发与应用，尤其是重点关注对核心技术的把控，注重通过技术创新以便在未来核电产业发展中能够占据主动权，为日后核电产业的发展打下坚实基础。

此外，我国坚持创新发展的基本目标，着重对核电技术进行开发与改进，当前正在建设的核电站已经普遍使用第三代核电技术，华龙一号、CAP1400 等均成为有代表性且发展动力强劲的重点技术，在现阶段，CAP1400 在材料工艺方面已经实现了自主创新化，其中所使用的绝大部分基础零件均由国内企业完成相关生产制造过程，在例如主蒸汽隔离阀、大口径爆破阀等对于技术条件要求较高的设备生产方面，我国也已经实现了技术突破，能够自行完成相关生产与研发工作。此外，在 AP/CAP 系列三代非能动核电技术的生产研发方面，经过长期在技术创新方面的积累，当前此类技术的创新自主水平已经处于世界前列，且同样能够实现国产化生产研发。"华龙一号"的研制与投入使用，同样是我国核电产业发展的重要里程碑，为我国核能产业的发展积蓄力量。除此之外，我国在高温气冷堆、小型反应堆方面的基础研发也在持续推进，且取得了显著成效。

我国从国家层面给予了该产业诸多政策支持，在科研创新方面加大了支持力度，提倡核电制造产业完成技术更新升级。在此背景下，全国范围内的各大核电生产制造产业均能以创新为基本导向，完成了许多技术突破，尤其是在第三代核电技术的生产研发方面，实现了长足进步，其中针对大型锻件、主管道、钢制安全壳（CV）、主泵、阀门、起重装备等，各大核电制造企业均打造了专业化、智能化的生产制造基地；与此同时，为了提高行业的规范性，还在行业内部实行了 ASME、IEEE 规范，以保证生产产品的质量能够符合相关要求；在产品的供应与服务方面，我国核电企业亦着重提升供应与服务的质量，现已形成了全方位的供应链条。

可见，我国在发展核能源时，十分注重配套设备与创新技术的发展。其具体表现为，第一，在核燃料的循环利用方面，经过我国长期的探索发展，有了长足突出进步，当前，我国对于核燃料循环利用的水平较先前已有明显提高，且仍然继续优化改进之中。第二，在核电装备方面实现了较大发展，已经能够完成全链条供应，且在核电装备供应的品类、规格方面都极为丰富，当前我国投入运营的核电机组使用国产装备的比例已经高达 85%。第三，在有关核电技术所进行的创新方面，我国坚持创新发展的基本目标，着重对核电技术进行开发与改进，当前正在建设的核电站已经普遍使用第三代核电技术，特别是华龙一号、CAP1400等均为有代表性且发展动力强劲的重点技术，此外，在高温气冷堆、小型反应堆方面的基础研发也在持续推进，且取得了突出成效。

3.1.4.2　中国核电产业政策法规

核电产业的发展离不开完善的制度保障，只有为该产业建立起完善的法律制度，对其中的各类研发制造行为均予以规制，才能够为该行业的持续发展保驾护航，建立起安全、科学、高效的制度环境。在此背景下，我国陆续出台了多部法律法规，对相关的主体及其法律关系予以调整，其中，为我国核事业发展奠定根基，在我国核安全法律方面被认为是基本法，有着不可替代的关键性地位的法律规范则是 2017 年所颁布施行的《中华人民共和国核安全法》（以下简称《核安全法》）。《核安全法》系统规定了我国核产业发展领域所需要调整的各类问题，为该产业的发展进行了系统全面的顶层设计，其中涵盖的内容十分广泛，核电站运营的各个环节都需要受到该部法律的规制，具体包括了设计、规划、选址、运维、废料处理等方面。除此之外，为全面完善我国在核安全领域的法律规范，《放射性污染防治法》《民用核设施安全监督管理条例》《核电厂核事故应急管理条例》等陆续颁行，力求全方位调整涉及核安全领域的各类问题，保证我国核产业能够安全有序发展。

近年来，为了能够适应核产业发展的新形势与新要求，同时应对日本核辐射事故所带来的不良影响，我国对于核电的发展及规划进行了新的调整，为我国日后一段时间的核电产业发展做了全方位系统部署和科学规划。2017 年，针对核电产业发展、创新及安全方面的具体需要，我国颁布实施了有关以上各个方面的规划文件，涉及核能开发科研、军工核安全、国家核应急等各个领域，为今后我国核电产业的发展打下坚实基础，也体现出国家层面对于核电产业发展的重视程度，与我国建设社会主义现代化强国的目标相一致。2018 年，国务院发布《关于加强核电标准化工作的指导意见》，强调了到 2027 年，跻身核电标准化强国前列，在国际核电标准化领域发挥引领作用的目标。2020 年，国家能源局、环境部发布《关于加强核电工程建设质量管理的通知》，明确和落实核电工程建设相关单位质量责任，发挥现代信息化技术在核电建设管理中的作用等。2021 年，十三届全国人大发布《"十四五"规划和 2035 愿景目标纲要》，明确了建成华龙一号、国和一号、高温气冷堆示范工程，积极有序推进沿海三代核电建设。

尽管我国在核电产业发展的过程中十分注重科学规划，同时也出台了相关法律对其予以调整，然而，毋庸讳言，现阶段我国核电产业的发展过程中仍面临一些挑战与障碍。可以总结为以下几个基本方面：

第一，在核电发展的政策方面仍有较大的提升空间，当前我国核电政策仍存在清晰度不足的问题，因此对于指导我国核电产业的发展仍存在不足与缺陷。众所周知，与我国相比，大多数西方发达国家的核能源研发应用起步更早，技术也更为先进，经过长期的发展，在这些国家之中，核能的应用已经占据了十分重要的地位，在国家整体能源结构中都占据着不可忽视的比重。然而，我国由于20世纪80年代以来才开始进行核电站的选址建设，总体上发展时间并不长，现阶段核能源在国家能源构成中的地位虽然在逐渐上升，但其地位仍不突出，且在能源的发展政策领域，也不能与最新的发展情况相适应，直到2017年，我国才出台了《核安全法》，这表明了政策领域的缺失。

第二，我国有关核电产业的政策较为分散，并未进行集中统一的规划管理，尤其是在涉及核电产业有关技术模式方面，需要通过系统规划，为我国核电产业的发展扫除障碍。现如今，国家针对核电产业出台了诸多利好政策，力求通过各类政策的施行与政府的合理调控，促使我国核电产业的发展能够进入新阶段，然而，不可忽视的现实情况是，当前国家所出台的有关核电产业的政策存在着与实际矛盾的情况。此种情况的出现对多方都造成了不良影响：其一，在相关政府机关进行决策时，难免出现诸多问题，不利于制定科学合理的战略决策；其二，对于社会公众来说，此种矛盾情况的出现也在相当大程度上影响着其对我国核电产业发展的信心，容易使社会公众对核能源的利用产生不信任；其三，对于国家来说，现实中所遇到的困难和障碍，也使其对发展核电的决心受到影响，产生负面消极的效果。为了使日后我国的核电产业能够实现长期稳定的发展，就必须重视这一问题，并将其及早解决。具体而言，当前我国在核电产业领域政策标准较为分散这一现实情况的形成原因是多方面的。一方面，由于我国在发展过程中，大多借鉴外国的标准与经验，然而国外的标准却存在诸多不同之处，其中，欧洲、北美、俄罗斯等地的核电技术都对我国核电产业的发展产生了实际影响，这也导致了我国政策标准较为分散的现实情况的出现。另一方面，我国核电制造企业的内部竞争现象也为其发展带来了不少问题，大多数企业为了提高自身竞争力，使自己所生产制造的产品能够获得用户的青睐，会在产品的生产标准方面采用一些特殊化的设置，这样就不利于行业内部形成统一的标准规范。

第三，我国在核电产业技术人才的培育方面有所欠缺，对于人才的培养缺乏系统规划与科学的培养方案，若不补齐这一方面的短板，难以为我国日后核电产业的长久发展提供后备力量。核电专门技术人才对于产业发展来说至关重要，如果专业化人才缺失，核电产业必将难以为继。当前，我国在核电产业的人才培养方面主要存在三个问题：其一，人才总体上呈现出短缺的问题，难以与我国当前核电产业的发展规模相适应；其二，存在着后备人才不足的问题，核电产业仍然是由老科学家进行技术研发支撑，对于新人的培养存在显著不足的问题；其三，现有产业核电人才的内部培养及继续培养机制不健全，专家人才没能够在实践中继续完成技术的精进与科学的钻研。如果想要为我国核电产业的发展提供保障，则必须重视核电产业技术人才的培养。

第四，我国核电产业对外布局基本政策方面仍然需要进行重新部署，对"走出去"的基本战略需要进行科学考察与系统调整。在发展核电产业的过程中，仅针对本国范围内进行市场开拓是不够的，未来的发展必须要着重占领国际市场，在这一基本目标下，制定科学合理的"走出去"发展战略则至关重要。当前，核电产业的"走出去"战略在国家层面都有着极其重要的地位，且已经上升为国家的一项基本战略。然而，由于客观条件的限制，当前我国核电产业在"走出去"的过程中仍然面临着诸多障碍。长期以来，我国核电产业对于国际市场的了解不够，缺乏对市场发展规律的系统研究，同时对于国际范围内有关核电产业的法律政策的研究也没有形成系统化成果，从我国核电产业的自身发展来看，也存在着企业的管理模式、加工分析等方面的缺陷。在今后的发展过程中，必须合理分析国际市场的需要，针对国际市场需求及政策规范，对我国核电产业的"走出去"具体战略进行针对性的调整，以此提高我国核电产业在国际市场上的竞争力。

第五，在现阶段我国核电产业的发展过程中，仍然存在着有关政策执行不力的问题，此种现象的发生不利于我国核电产业实现安全、高效、规范的发展格局，需要予以格外重视。由于 2011 年日本核泄漏事故的影响，我国对于全国范围内的核电产业发展进行了重新部署与规划，在核电站建设项目上的规划与审批也更加趋于严谨认真。据中国核能行业协会统计，截至 2017 年末，全国范围内现存投入使用的核电机组数量共计 37 台，这一数量为世界总量的 8% 左右；与此同时，在装机容量方面，2017 年我国装机容量约为世界总容量的 9%，具体数值为 3600 万千瓦。与此同时，我国在制定有关核电产业的发展规划方面，确立了每年新建 6 台核电机组的基本目标，但是在现实实践过程中，却因为多方因素的共同作用而没能够实现这一规划。现阶段，我国的能源结构仍然存在着较大的改进空间，虽然核能源的占比有所增加，但整体而言，核能源在国家能源结构中所占的比例仍然较少，甚至没能够达到世界的平均水平。因此，必须加快建设核电机组，提升核能发电的基本贡献率，这样才能与我国发展规划的总体要求相适应。

第六，当前我国对于核能源的宣传仍然不足，尤其是针对社会公众所作的有关核电政策的科普性宣传较少，这也导致了在全社会范围内，很容易出现公众对于核电的安全性了解不足，进而不利于核电站的建设与运营工作。在我国核电站进行规划建设的过程中，当地群众常常会出现对建设工作的严重抵触情绪，甚至妨碍核电站的正常开工建设，而此种现象出现的原因，与我国政府部门针对核电的科普性宣传较少不无关系。政府只有重视科普宣传工作，将有关核电知识的宣传活动全面铺开，使群众能够对核电背后的基本原理、科学性有清晰认识，才能够最大限度消除顾虑，减少核电产业发展过程中所面临的障碍。

3.1.5 氢能产业现状

3.1.5.1 氢能资源

氢能是一种重要的清洁能源，其自身是通过一系列物理及化学过程，利用氢元素变化来实现能量的释放，从而为人们提供可利用的能源。氢的分布十分广泛，这一特点也为长期利用氢能提供了可行性与便利条件。当前，获得氢能的技术也多种多样，其中利用化石燃料、太阳能、生物等各种原料，都能够通过一定技术手段实现氢能的生产制造。与此同时，氢能清洁无污染的特点也成为其无可替代的优势，也正因如此，氢能享有着"终极能源"的美誉。

在应用方面，氢能存在着诸多优势，其中最为突出的特点可以总结为以下几点：其一，氢能制造的原材料十分容易获得。氢能是利用氢元素的变化所形成的能源，其原料为氢元素，而这一元素含量十分丰富，其常见形态就包括了自然界中的水，空气中也普遍含有氢元素，这均为氢能源的利用提供了便利条件。其二，氢能的燃烧效率很高，在利用效率方面，相比于其他能源有着明显优势。与其他气体相比，氢燃烧的导热效能明显较强，与化石能源相比，氢同样具备燃烧性能好、方便点燃的特点。其三，氢能燃烧不会产生任何污染，是十分优质的清洁能源。在传统化石燃料的燃烧过程中，将会产生有害气体以及粉尘颗粒等，不仅会对环境造成不良影响，也会危害人类的身体健康；与此相反，氢在燃烧的过程中并不会释放有害物质，具有无毒、无污染的显著优势。

然而，尽管氢能的利用具备诸多优势，但在实践中，其应用的范围并不广泛，造成这一现象的原因是多方面的。其一，现阶段在氢能的制造方式上仍然存在着一定缺陷。化石燃料、太阳能、生物等各种原料，都能够通过一定技术手段实现氢能的生产制造。当前，使用化石燃料制造氢能则较为常见，但在利用化石能源制取氢气的过程中，却难以避免地需要产生例如一氧化碳等有害气体，这恰恰与利用氢能减轻对环境污染的基本目标背道而驰。其二，氢能在开发与利用的过程中都面临着经济成本高的压力，经济上不合算一定程度上也抑制了氢能的商业化利用。一方面，当前在氢能开发的过程中仍然存在较高的经济成本，如前所述，若采用化石燃料生产制造氢气，则会对环境造成不良影响，因此，未来氢能的开发必须依靠可再生能源，而由于技术上存在着较高要求，当前利用可再生能源制氢则会给企业带来巨大的经济成本；另一方面，当前建设加氢站所需要的经济投入也非常大，单个建站成本已经高达 1500 万元，如此一来，必然影响氢能商业化利用的普及程度。其三，当前社会总体对于氢能的利用认识仍不全面，存在部分群众对于氢能利用存在顾虑的现象。众所周知，氢气相较于其他能源，具有导热性好、燃烧性能好的特点，但与此同时，这也为氢能的利用提出了更高的要求，否则将会面临泄漏与易燃易爆的危险。长期以来，氢能仅在特殊领域进行应用，例如航天、军事等，而在日常生活中对于氢气的利用则并不多，群众对氢能的原理、使用注意事项、安全性等方面问题均了解不够深入，也由此产生了对氢能应用的诸多顾虑。针对此种现象，可以通过开展科普性宣传，进行有关知识的讲解与科普，增强群众对于氢能的了解程度，同时对氢能使用中的注意事项进行强调，这样才能够帮助群众打消顾虑，促进氢能的商业化应用。

3.1.5.2　中国氢能产业现状

从 2018 年开始，中国氢气年产量就已经超过了 2000 万吨。根据中国煤炭工业协会数据，2012~2020 年期间，中国氢气产量从 1600 万吨增加到 2500 万吨，整体呈现稳步增长趋势，2020 年中国氢气产量同比增长了 13.6%。2020 年，中国氢气产量达到 2500 万吨。2021 年，中国氢气产量则超过了 3300 万吨。目前，中国电解水制氢技术已经相对成熟，每年可以达到 9 亿立方米的制氢能力，而且随着成本逐渐趋于下降，预计制氢能力还会继续上升。根据《中国氢能源及燃料电池产业白皮书 2020》估算，2030 年中国氢气年需求量将从 3342 万吨增加至 3715 万吨，2060 年则增加至 1.3 亿吨左右。预计到 2050 年，氢能在中国终端能源体系中的占比将达到 10%，氢能产业产值将达到 1 万亿元，进而氢能成为终端能源体系的消费主体。

上述数据可见，中国发展氢能产业有诸多益处。第一，能够帮助我国实现碳排放减少的基本目标，建设环境友好型社会，对于缓解环境污染问题有着极其重要的战略意义。自从加入《巴黎协定》以来，我国面临的碳排放压力相较于之前则更大。为了实现碳达峰与碳中和，为了能够实现我国在《巴黎协定》中所作出的有关减少碳排放的基本承诺，在我国未来经济发展过程中则必须重视应用各类清洁能源，以减少对环境的不良影响。氢气在燃烧过程中并不会产生二氧化碳，对环境不会造成任何污染，是十分优质的清洁能源，具有无毒、无污染的显著优势，氢能也享有着"终极能源"的美誉。因此，在实践中推广使用氢能，而减少传统化石燃料的使用，能够大大减少碳排放，为我国实现碳排放目标作出贡献。与此同时，利用氢燃料电池进行供能的车辆，也能够减少汽车尾气排放，对保护环境大有裨益。第二，大力发展氢能，有利于我国实现能源结构的优化，对于维护我国能源安全有着十分重要的积极意义。化石能源的储量是十分有限且不可再生的，面对巨大的能源消耗，如果仅仅依靠化石能源，国家很容易陷入能源危机。过去一段时间，我国把能源安全放在了国家层面的战略高度，对于新能源的发展十分重视。氢能是一种可再生能源，且其原材料在自然界中的存量很大，如果能够实现氢能的广泛应用，则必然能为我国的发展提供长久动能。当前，在全球范围内都存在着能源危机，各国也在普遍寻求开发新能源。如果我国在氢能的开发利用方面率先突破技术限制，必然能够在未来世界竞争中占据制高点。

3.1.5.3 中国氢能政策法规

与氢能的生产、应用存在关联的法律并不是单一的，而是一个较大的总体范畴，从不同角度看待氢能的发展，均需要不同制度规范对其加以调整，与此同时，氢能具体应用的各个环节，也都离不开法律文件的作用。在此种意义上，氢能的法律体系十分庞杂，其中包含了当前我国制定施行的与氢能相关的各类法律、法规、规范性文件，还包括了国家有关氢能发展的政策、规划，除此之外，氢能发展的行业内部所形成的标准也应当包含在内。例如，2016 年 10 月，中国标准化研究院资源与环境分院和中国电器工业协会发布了《中国氢能产业基础设施发展蓝皮书（2016）》，首次提出了中国氢能产业发展路线图，这是具有半官方性质的第一个推进氢能产业发展的文件。2020 年 4 月，国家能源局发布《中华人民共和国能源法（征求意见稿）》，将氢能列为能源范畴。2021 年 3 月，国务院颁布《中华人民共和国国民经济和社会发展第十四个五年规划和二〇三五年远景目标纲要》，明确将氢能列为前沿科技，谋划布局一批未来产业。2021 年 10 月，国务院颁布《2030 年前碳达峰行动方案的通知》，明确了从多方面支持氢能发展。

由于氢能开发属于近年来新兴的领域，有关氢能开发的诸多问题仍然处于探索阶段，其商业化应用的进程也并不突出，因此，对于氢能开发过程中所产生的法律关系的调整，则具体需要适用有关环境立法。

（1）环境保护法律制度的适用。其一，在氢能的开发利用方面，可以适用《中华人民共和国环境保护法》（以下简称《环境保护法》）的基本规定，《环境保护法》是我国在环境领域的基本立法，其中第七条规定体现了国家对于环境保护的科学技术研究所持积极支持的态度。氢能是一种终极清洁能源，为了贯彻我国法律中对于此种环境友好型能源的支持，在氢能的开发与利用等方面，我国可以根据实际情况给予财政、税收等补助。其二，氢能在应用过程中可能存在部分风险，需要遵守《中华人民共和国环境影响评价法》（以下简称《环境影响评价法》）的相关要求。《环境影响评价法》第九条中规定，对于环境存在影响的工程项目建设，需要开展环境影响评价的基本工作。由于氢能在应用的过程中存在风险，加氢站的建设也需要符合环境影响评价的相关要求，否则可能会对环境造成不良影响。其三，氢能作为一种能源，其开发利用也需要符合《中华人民共和国大气污染防治法》（以下简称《大气污染防治法》）中的有关规定。尽管氢气在燃烧的过程中不会产生污染空气的有害物质，但如前所述，现阶段仍然采用化石燃料制造氢气，在此过程中难以避免需要产生一氧化碳等有害气体，可能会导致对大气的污染，如果制氢过程中违反《中华人民共和国大气污染防治法》中的具体规定，可以依照此法进行处理。

（2）能源法律制度的适用。《中华人民共和国可再生能源法》（以下简称《可再生能源法》）中第二条规定对可再生能源的类型进行了不完全列举，其中，并未明确指出氢能属于可再生能源，而仅表示可再生能源包含了诸多非化石能源。《中华人民共和国节约能源法》（以下简称《节约能源法》）同样对能源作出定义，与《可再生能源法》的定义方式相类似，其同样进行了不完全列举。结合此种情况，尽管"氢能"并未作为一种准确列举的能源形式出现在我国的法律条文中，但根据其具体内涵可知，氢能均包括在其调整范围之内，因此，在此种意义上，我国氢能的开发与利用需要参照《可再生能源法》及《节约能源法》中的具体规定。除此之外，氢能的开发利用同样需要遵循《中华人民共和国循环经济促进法》（以下简称《循环经济促进法》）的相关要求。氢能是一种典型的可再生能源，其自身特性决定了氢能具有循环可利用的优势。根据制氢的基本原理及技术手段可知，利用化石燃料、太阳能、生物等各种原料，都能够通过一定方式实现氢能的生产制造。而氢气进行燃烧利用所形成的水，同样可以再次进行循环利用，成为制造氢气的原材料。由此，氢能也是《循环经济促进法》较为典型的规制对象。

（3）其他相关法律制度扩展适用。其一，由氢能的化学特点可知，氢气相较于其他能源具有导热性好、燃烧性能好的特点，但与此同时，这也为氢能的利用提出了更高的要求，否则将会面临泄漏与易燃易爆的危险。氢气符合我国《危险化学品安全管理条例》中的危险化学品的基本特点，极具易燃易爆的基本属性，因此，在氢能生产、应用的各个环节都要符合我国有关危险化学品的管理规定。其二，在生产、储存、运输氢气的各个环节中，从生产制造企业、运输企业到销售企业，都离不开企业劳动者的参与，对于氢气此类危险化学品的加工、运输，尤其需要注重劳动者保护的相关问题，因此，我国氢能的开发应用也需要符合《中华人民共和国劳动法》（以下简称《劳动法》）的规定，如果出现劳动者在此过程中自身权益遭受损害的现象，其有权利依据《劳动法》向企业追责。

除以上环保、能源等方面法律制度的使用，氢能的开发利用同样需要与政府政策及发展规划的具体要求相适应。现阶段，为了规范氢能的商业应用市场，保障氢能开发利用中具备稳定良好的市场秩序，同时对氢能的相关生产制造订立标准，以提高该能源利用的安全性，我国许多地方政府都结合当地实际情况，经过系统研判后，制定了符合当地氢能发展市场的相关管理办法，其中《上海市燃料电池汽车发展规划》对于发展燃料电池汽车进行了全景规划，为了能够配合燃料电池汽车的发展，其中特别指出了需要推进当地加氢站的规划建设工作，同时在技术水平上也要重点突破。佛山市对于加氢站的管理工作十分关注，其颁布实行的《加氢站管理办法》属全国首例，这一举措是对加氢站建设运营的管理工作展开的具体探索，填补了当前国内这一领域的空白。除此之外，佛山市还出台了专门性的政策扶持措施，通过发放专项补贴的形式支持氢能源汽车的发展。

与此同时，氢能发展同样需要遵循国家制定的行业标准以及行业内部所形成的有关标准。当前具有法律效力的主要标准有以下几种，分别是国家 GB 类、国家 GB/T 类以及行业标准。在氢能的开发利用中，各个企业均需遵循以上标准，其都要受到具体标准的规制，以保证氢能开发的规范性。

近年来，全球范围内普遍面临着能源危机的潜在威胁，各国也在普遍寻求开发新能源，其中，氢能作为一种具有清洁性、可再生性特点的能源类型，也开始获得广泛关注。为了能够尽早实现氢能的大规模利用，世界各国都在投入资金、技术开展相关研发，力求早日解决当前氢能在利用过程中所面临的各类障碍。在氢能的具体应用方面，虽然长期以来，氢能仅在特殊领域进行应用，例如航天、军事等，而在日常生活中对于氢能的利用则并不多，但不可忽视其广泛的应用前景，在交通领域、居民与企业的日常用电方面，氢能均有着巨大的应用空间。如果我国在氢能的开发利用方面率先突破技术限制，必然能够在未来世界竞争中占据制高点，因此需要将氢能的利用摆在国家能源战略的关键位置。

根据前文的分析可知，当前我国在氢能应用方面所需要参考适用的法律范围十分广泛，有关氢能的法律体系十分庞杂，其中也反映了诸多问题：

（1）缺少氢能专门法律规范。现阶段，我国在立法领域并未形成有关氢气开发利用的专门性法律规范，在对其法律关系进行规制的具体过程中，则需要参考环保、能源有关领域的立法，针对性并不强，导致法律在适用过程中也存在一些障碍，甚至会出现部分问题难以得到法律的规制。氢能领域法律规范不健全的问题长期存在，如果想要促进氢能开发利用朝着规范化方向发展，则必须重视这一问题。

①现存法律规范在具体适用上存在障碍。由于我国《环境保护法》《可再生能源法》均未将氢能列明在其调整范围之内，因此，在援引该法律时，仅仅是通过对原有定义进行扩大解释的方式加以利用，这体现了我国在氢能立法领域的欠缺。此外，针对该行业的劳动者所面临的特殊环境，如果仅仅依据《劳动法》中的规定加以解决，与氢能行业的高危险性不相适应，应当给予劳动者特有的保护。当前，氢能开发利用中所参照的各项法律规范，均不具备针对性，由此可能导致在具体适用过程中出现法律适用不统一的现象。②针对氢能开发利用进行专门性立法是十分必要的。通过专门性立法，对氢能开发利用所涉及的生产、运输、储存等各个部分进行细致梳理，研究其中可能存在的风险及问题，并给予针对性的处理方案，这样才能够使我国氢能领域发展实现规范化，也使得各个环节所产生的问题都能够有法可依。对氢能开发利用制定单行法，则更能督促相关企业树立责任意识，有利于该行业长期健康发展。③氢能未来发展前景良好，且从国家层面来看，未来相当长的一段时间内，我国都将持续在此方面投入并寻求新的发展，在此背景下，针对这一领域进行专门化立法也能够符合未来的发展需要。氢能对于缓解我国可能面临的能源危机有着十分重要的作用，过去一段时间，我国把能源安全放在了国家层面的战略高度，对于氢能的发展十分重视。氢能是一种可再生的能源，如果能够实现氢能的广泛应用，则必然能为我国的发展提供长久动能，未来氢能进行大规模商业化应用也将成为必然，因此，我国相关部门必须未雨绸缪，尽早开展氢能领域的立法工作。

（2）现有法律滞后性严重。众所周知，与实践中所产生的新情况相比，法律往往有着滞后性的特点，这一特点在氢能发展领域尤为突出。当前，我国氢能开发利用能够参考的法律规范没能进行及时更新，例如颁布实行于 2008 年的《中华人民共和国循环经济促进法》以及 2009 年的《可再生能源法》在制定的时段，我国氢能领域的相关研发与应用尚未形成规模，因此以上法律规范中所规定的具体内容大多没能考虑到氢能发展的情况。此外，新能源领域的发展日新月异，尤其是近年来氢能在诸多技术上取得突破，其应用领域也更加广泛，然而，氢能的规范化发展却因法律滞后等客观条件的限制遭受阻碍，因此有必要加紧进行相关法律的修改完善工作，使之能够与最新的实践情况相适应。

（3）缺少配套法律制度及法律原则。与西方发达国家相比，我国氢能应用领域当前的配套法律制度仍然存在较大欠缺，其中具体体现在以下几个方面。其一，在环境影响评价方面，尽管我国《环境影响评价法》中规定部分工程项目如果对环境存在潜在影响，则需要开展相关评价工作。但其中并未列明氢能在开发利用的过程中，需要进行环境影响评价。与之相反，欧盟则对加氢站建设的环境影响评价工作进行了强制性规定，其需要具体参照《公共及私有项目环境影响评估法案》进行。其二，在可再生能源的总量目标方面，我国仅对该制度进行了总体要求，而对于能源所需要达成的目标则没有具体规定，因此，在氢能总量目标上缺乏参考依据，这与发达国家的量化管理相比较，仍然存在着诸多不足。其三，西方发达国家针对可再生能源的发展制定了明确的激励措施，激励手段总体上呈现出多样性的特点。而在我国有关可再生能源激励的政策手段方面，虽然针对其提出了财政支持、费用补偿等措施，但整体而言，此类措施大多仍然局限在原则性规范的范围之内，在具体适用过程中并未起到显著效果。其四，现阶段，我国在能源立法方面存在社会参与度不高的问题。长期以来，社会公众在环境保护问题中所占的重要地位没能得到重视，直到我国《环境保护法》颁布施行，代表我国公众参与制度的建立；此后，《可再生能源法》中的部分条款对于社会公众的参与也有所体现。但以上规定同样仅局限于较为原则性的范围之内，并无具体操作的条文可参考，因此对于其实际适用的情况仍留有疑问。对于氢能的开发与应用来说，必须要将社会群众的广泛参与纳入其各个流程，这样才能够充分发挥公众对其的监督作用。其五，在氢能开发利用的监督方面，与西方发达国家相比，我国仍然存在着较大的改进空间，例如，美国氢能的开发则由其能源部进行全方位监管，对负有监管责任的部门进行了明确，有利于开展监督工作，而我国在此方面则存在欠缺，氢能发展的各个环节均缺乏主管部门的监督。

（4）氢能发展规划缺位现象严重。当前世界各国均重视氢能的发展，许多西方国家针对氢能的开发应用制定了专门性的发展规划，对不同阶段作出设想及战略选择。然而，现阶段我国在这一领域的规划却存在着严重缺位的问题，尽管过去一段时间，已经有部分专业人员认识到这一问题，但其关注度仍然比较有限。

如果不能尽快为氢能的发展进行系统规划，则十分不利于我国能源战略的总体统筹，也很难在国际上占据优势地位。当前，我国虽然存在许多地区都在积极发展氢能产业，但产业内部以及与其他产业的配合方面尚未形成规模，加紧制定氢能发展战略规划是一项不容忽视的重要工作。

根据以上分析，针对我国氢能法律体系进行讨论，可以得出以下几点认识。首先，当前对氢能领域进行调整的法律条文体现在各个法律规范中，缺乏这一领域的专门性立法，且现有法律规范在适用方面存在障碍，同时出现了严重滞后的问题，由此，需要尽快完成有关法律的修改完善工作。其次，氢能专门立法的缺位对我国氢能规范化发展造成阻碍，且当前氢能开发利用中所参照的各项法律规范均不具备针对性，由此可能导致法律适用不统一的现象，考虑到未来氢能的利用将成为我国发展的必然，相关部门需要尽早开展氢能领域的专门性立法工作。再次，当前我国学界并无针对氢能法律规范开展的研究，对于此种氢能偏离法律研究视野的问题也要予以关注。最后，我国氢能发展的规划缺位现象较为严重，如果不能尽快为氢能的发展进行系统规划，将会不利于我国能源战略的总体统筹，由此，相关部门需要加紧制定氢能发展战略规划。我国在氢能法律制度的具体完善方面，也应当着重解决以上问题。

3.2　中国新能源产业发展的特征

综观中国与各国新能源产业发展和现存问题来看，新能源产业的发展在某些特殊环境下或者某个发展阶段内都表现出了不同的特征，某些特点的汇总能够反映出新能源产业在发展过程中所表现出来的特征。

3.2.1　政策性特征

政策性特征最为明显的案例便是日本。由于地理位置的缘故，缺少必要的能源储备，因此日本政府更注重于可再生能源的发展，19 世纪 70 年代的全球石油危机更使得日本政府和社会民众认识到新能源研发的紧迫性，日本政府通过出台体系完整的法律法规，保证新能源产业的发展，并通过积极宣传，为新能源企业提供较好的融资环境和市场环境。政府首先意识到新能源产业的发展需要国家扶持，因此通过颁布法规的方式确立新能源行业在社会上的地位，并通过强制性手段，使得企业必须保证可再生能源的使用比例，促进新能源产业的发展，尤其对环境污染小、利用效率高的新能源，政府不仅通过资金支持，也通过技术互享的方式，促进节能环保型新能源企业的发展，同时通过舆论引导和日常宣传，提高社会民众的新能源利用意识，将环保和可再生的概念宣传至日本每个地区，进而为新能源行业的发展奠定基础。

　　日本政府通过扶持和引导社会团体加入新能源的开发和利用，保证新能源企业的融资环境，确保在足够的资金投入下获得稳定发展，并形成完善的产业链，例如太阳能使用领域就带动了硅片、光玻璃原材料、变流器、电池和基建设备产业的发展。日本对于新能源产业的扶持，不光可以替代传统能源、保持生态平衡和避免过度开采不可再生能源，也可以通过扩展产业规模，形成新型交通运输业、设备研发和制造业及新工艺设计业等，这些以新能源为核心的周边产业不仅仅能够更好地支持新能源产业的发展，也能够通过提供就业岗位的方式，维持社会稳定和谐。著名的经济学者米沙（Mischa Bechberger，2006）指出，德国是世界上新能源研发和利用最为成功的国家之一，这不仅由于德国的自然条件十分优越，能够为新能源开发利用提供先决条件，同时也由于德国政府对于新能源产业非常支持，尤其对于创新性工艺技术十分肯定。德国通过设计、开发、生产和销售四个环节的相辅相成，对新能源企业进行发展推动，并形成良性市场环境，对新能源企业的发展进行合理引导，此外德国对于减排协议和德国社会的环保意识都非常支持，这也是德国新能源产业发展迅速的原因。丹尼尔（Danyel Reiche，2004）认为欧盟国家在新能源产业发展中领先全球的原因有以下几个：通过法律政策对企业投资者进行长期保驾、创新工艺技术得到肯定、电网准入的公平、地方政府对新能源开发的支持，特别是德国和丹麦的风能能源开发利用，肯定了自下而上的新能源发展方式。经济学研究人员乔伯特（Jobert，2007）认为对于风能能源的发展而言，关键在于两大先决条件，其一是法律保护和融资激励，其二是地方政策对于新能源企业在规划、勘探、行动和生产过程中的支持。乔伊（Joy Morgenstern，2002）指出新能源产业在某个地区能够获得成功，关键在于是否得到当地民众的支持，其研发和利用的过程能够与当地文化所交融，并以墨西哥为例，通过分析墨西哥共计 16 个风能、太阳能和混合电气化项目，得出技术、资金和外部环境是项目成功的基础，而工艺技术是风能项目和混合电气化项目失败的最大可能原因的结论，融资环境是造成太阳能项目难以获得成功的主要影响因素，此外项目的发展和衍生，离不开对工作人员和当地民众必要的培训和宣传。以上的成败结论都离不开国家的支持，如果政府能够出台较为完善的相关法规，则能够降低新能源企业的生存难度和市场准入难度。

　　因此作为起步较晚、在全球范围内发展相对滞后，且需要大量资金投入和技术支持的产业，新能源产业的良性发展必须得到政府的扶持，这是因为新能源产业的工艺技术更新较快，市场准入门槛较高，同时受外部影响较大，如果缺乏政府相关法规政策的保护，新能源企业的产品在激烈的市场竞争下不易占据优势，在新能源企业新创和发展过程中，政府需要提供和谐稳定的外部环境，并牵头进行资源互补和技术共享。国家政策可以包括中央政策和地方政策，其中主要的扶持层面包括财政、融资、税收、创新激励、技术共享和土地利用，完善的法规体系和必要的扶持方针，能够对新能源产业的发展与企业的成长形成推动作用。

3.2.2　技术性特征

　　对于新能源的开发和利用技术，日本和欧盟均通过组建专门的研发组织，对新能源的发展经验、未来模式和所需工艺技术进行研究，其中日本每年通过大量资金补助，对新能源技术进行深入开发和相关实践论证，并积极牵头技术共享活动，为新能源企业的持续发展提供知识基础。在资金的投入下和日本技术人员的研发下，日本新能源产业得到了进一步发展。现阶段国内新能源企业大多关注技术引进，而缺乏必要的技术研发更新能力，大部分新能源企业对于外来技术只生搬硬套，缺乏必要的技术消化，甚至不能结合当地实情，对引入的技术进行良好利用，换而言之国内新能源企业的产品只能称为进口技术上的加工附属品，产品中没有具有自身特点的核心技术，也难以形成具备国际影响力的民族品牌。部分地方政府虽然将技术研发和创新作为战略规划之一，并通过资金投入和人员补充，对新能源企业的技术进行创新，但受到整体实力的局限和实践论证的缺乏，大多数创新技术并不具备突破性，在国际上也称不上完善和先进。政府应对地方的创新技术进行汇总和互享，进一步提高技术创新的激励措施，在增量创新的基础上鼓励具有突破性的技术创新，并通过技术消化和再造，形成具备一定世界影响力的国际品牌，在全球范围内形成较强的市场竞争力。技术创新是新能源企业的发展前提，缺乏技术创新的企业将丧失继续成长的可能。

　　由上可见对于新能源产业而言，技术是最大的成长影响因素，过硬的工艺技术和核心技术再造能力，是新能源等技术密集型产业发展的先决条件，新能源企业对于从业员工的能力要求较高，知识技术储备和创新意识要求明显强于传统企业。新能源企业的生存和成长离不开技术创新，技术创新是新能源企业实现市场竞争的前提，同时也是新能源产业链之间的纽带和产业规模扩大的推动力。新能源产业的良性发展能够促进经济发展、保持生态平衡和社会稳定，是国家战略发展中的关键一环，新能源企业有着风险较高、技术要求较高、准入门槛较高和人才需求较高的特点，政府需要通过完善的法规体系和持续的资金投入来保证新能源企业的发展。技术创新包括研究开发、设备制造、产品附加值和市场产业化，新能源企业面临着技术周期短、技术更新快的风险，因此新能源企业应通过舆论宣传和内部激励机制，提高企业员工的创新意识，并通过及时吸收进口技术，物以己用，形成内部技术融合，为技术创新提供基础。

3.2.3　高投入特征

相比传统企业，新能源企业对前期资金投入和后期发展融资的要求要高得多，对于技术引进和创新的经费投入不仅高，而且必须保持延续性，通常新创的新能源企业比同规模的普通企业所需成本投入高出数倍，同时新能源企业的技术创新活动属于人才密集型和知识密集型项目。比如德国在新能源汽车的研发上，自 2010 年起宣布开启车用锂离子动力电池研发活动，投入资金超过 4.2 亿欧元，囊括了几乎所有德国新能源企业的专业人才，同时德国除了对于创新技术的研发和创新产品的投入外，还不遗余力地进行技术设备和外部环境的支持，特别是创新技术的实证落实和新产品的市场推广。事实上，中国新能源企业的创新活动离不开资金和人力资源的长期投入，这不光需要企业与企业之间进行互相合作，也需要政府进行牵头，带动技术和人才的互补，并通过加大研发资金的投入，助力新能源企业突破技术瓶颈，获得稳定的持续发展，绝大多数新能源企业的失败，都与缺乏稳定的资金投入和技术创新有关。

3.2.4　高风险特征

新能源行业受制于资金、技术要求和竞争压力，在高投入的背景下也有着高风险的特征，新能源的开发和利用并没有过多的历史经验，在"摸着石头过河"的过程中不可避免走一些弯路，很多国家的新能源产业发展都是在不断实践、不断总结和不断创新中缓慢形成的。由于现阶段政策、市场、融资和企业内部管理体系等并不完善，相关产业链也不健全，因此对于新能源企业的生存和发展而言，企业家如何面对风险和规避风险是不可避免的话题。新能源企业所面临的风险包括三点：其一是自身规模和未来发展的不确定；其二是政策环境和当地社会文化的不确定；其三是技术周期和工艺创新的不确定，这些风险因素还可以通过相互作用，对企业的成长造成冲击。企业如何将已有技术转为具备市场竞争力的实际产品或服务，需要面对融资、政策、运输和舆论等多重环境压力，同时需时刻准备受到其他更为先进的技术的替代。现阶段新能源企业的产品或服务可能会在市场推广中受到阻力，产品或服务存在滞销的可能性，并且由于生产最终物不容易赢得稳定的市场份额，进而对新能源企业的进一步融资造成负面影响，同时对企业内部员工的未来信心也造成消极影响，最终形成风险隐患。

3.3　中国新能源产业发展中的问题

根据中国新能源产业发展过程中所展现的态势与行业发展的问题，我们可以看到中国新能源产业在前期快速发展过程中积累了一些优势，也不可避免地遇到了行业发展的潜在矛盾，这些问题与矛盾伴随着产业发展的深入得以显现，并制约着产业的进一步发展。当下，要实现中国新能源产业的持续发展，首要任务便是认清这些问题与矛盾的本质。

3.3.1　法规体系尚不完善

当前中国新能源产业的政策法规框架虽已具备一定雏形，但从整体上来看体系尚不完善。已有的新能源相关法律法规的效能层级较低，法律法规的颁布与实施多以通知、实施方案、指导意见、管理办法等形式为主，约束力不强。此外，相关的法律法规覆盖范围受限，部分产业内新兴业态尚无法涵盖。已有的政策大多集中于分布式发电管理方法、风力发电与光伏发电的项目实施以及新能源发电市场的指导意见等。所以，新能源产业未来的发展，需要进一步完善产业政策法规的体系，拾遗补漏，主次搭配，不断强化核心政策的效力。

世界范围内各国对于新能源产业的扶持，大多依赖财政补贴等政策。中国光伏发电与风电的迅速崛起，同样得益于政府相关部门大力推行的财政补贴与产业优惠政策。但是，以往的财政补贴与支持力度过大，导致众多新能源企业出现了非理性的投资，产生了抢装机、轻质量，重规模、弱研发的行业发展弊病。此外，伴随着补贴的持续，财政缺口也不断扩大。根据财政部的统计，截至 2018 年初，中国新能源发电的补贴缺口已经达到 1000 多亿元，预示着补贴政策已无法持续。中国新能源产业未来的发展需要摆脱对补贴政策的依赖，发挥市场作用，增强产业发展的内生动力。

3.3.2　并网消纳仍未突破

以往新能源的消纳方式以全额保障性的消纳为主，装机规模不断攀升的同时也带来了新能源发电量的持续增长。一方面，由于新能源发电并网难题仍未得到有效解决，新能源电力上网会给传统电网的稳定运行带来巨大压力，为保障传统电网的稳定运营，不得已大量新能源电力资源被遗弃；另一方面，并网难题以及高压电网的欠缺，致使新能源电力无法被输送到电力需求端，导致电力生产与消费严重失衡。正因如此，国内大规模的"弃风弃电"问题虽有所好转，但仍无法全面解决，这已然成为制约中国新能源产业发展的一大障碍。国家能源局统计数据显示，2017 年，全国的光伏电站的平均利用小时数同比增加了 74 小时，全国弃光电量同比减少 20000 万千瓦，为 73 亿千瓦，弃光率降低了 7%；全国弃风发电量同比减少 750000 万千瓦，为 422 亿千瓦；从数据来看，弃风弃光电量有所下降，新能源消纳有所提升，弃风弃光问题得到一定缓解，但受并网困难等因素影响，改观程度并不十分理想。

另外，高比例新能源冲击传统电力系统。随着 2030 年光伏与风电装机规模 12 亿千瓦以上目标的提出，新能源在一次能源消费中的比例将会不断提高，并加速替代传统化石能源。但是高比例新能源接入传统电力系统会对其造成冲击，导致原有系统运行不稳定，甚至可能引发连锁故障与大面积停电事故等。为了解决这一问题，我国新型电力系统已开始着手建设，但短时间内，新能源电力与电网之间的发展仍不协调，将会导致新能源电力出现相对过剩，形成新一轮的新能源电力消纳问题。此外，当前我国新能源电力的消费市场机制仍不完善，致使新能源电力跨区域消纳存在诸多障碍。现行交易机制未能有效体现出新能源电力的市场竞争性，新能源电力交易电量增长尚不明显，交易电价也相对固定，由市场力量来主导新能源电力配置的作用尚未得到有效发挥。实际形势需要新能源电力市场机制的调整步伐要再大一些，完善不足之处；并根据市场需求，以更大的决心推进中国电力体制改革。

3.3.3　技术研发应用短板

新能源产业属于资金密集型、技术密集型产业，对创新水平与技术研发有较高的要求。而中国新能源产业的发展晚于多数发达国家，技术创新落后，自主研发投入相对不足。产业发展初期以产业链中低端的装备制造作为切入点，以规模优势实现了新能源产业的迅速发展，虽然近些年中国企业对于新能源技术研发与创新的投入逐渐增多，但是部分核心技术较发达国家仍然存在一定差距。研发与创新的体系相对落后，形成了国内技术研发成本高于技术进口的现状，导致中国新能源的核心技术研发过于依赖国外发达国家。此外，新能源发电是新能源产业的主要应用,在进行自身产业技术突破时,也要关注相关产业的技术结合。例如,储能技术近年来不断发展,其自身能够发挥灵活调节作用,能够为新能源未来的广泛应用提供载体空间。

当前,我国新能源产业相关的基础研究存在重应用轻基础与重模仿轻创新的问题,难以形成我国自主掌控的核心技术。例如,当下新一代的能源电力系统具有高比例电力电子、高渗透率分布式发电、高比例新能源、高强度源网荷储灵活互动等特征,这些特征要求在模型工具、标准规程与技术装备等方面应具备深厚的科研基础。但是,我国在新能源技术领域与新一代能源系统的基础研究方面的积累尚不足以支撑产业的加速发展,各类国家能源实验室仍较为缺乏。另外,技术创新难突破科技成果转化慢。在已取得的创新成果方面,部分成果停滞于实验研究阶段,缺乏匹配的应用场景和产研合作平台,这间接阻碍了技术创新与科研成果的快速转化。在逆全球化浪潮下,如果创新成果无法突破与快速转化,未来的产业发展将会继续面临“卡脖子”问题。我国在光伏发电产业化技术与国际市场占有率均大幅领先全球,但是发射极钝化和背面接触电池技术等均来源于国外,国内相关技术创新成果无法落地,导致国内风电企业的技术大多以购买国外许可证的方式进行引入与消化吸收。受许可证的限制,国内风电企业的产品大多只能在国内销售,无法进入全球范围内的主要风电市场。

3.3.4　供应链安全存隐忧

首先,稀有金属供应稳定性尚存挑战。新能源发电与传统化石能源发电有所不同,其需要大量的稀有金属作为发电设备的原材料。例如,稀土永磁材料对于风力发电机和新能源电动汽车至关重要,而镍、锂、钴、石墨等稀有金属对于电池的寿命和功效则非常重要。其中,钴作为稀有金属,在地球地壳的平均丰度只有 0.025‰,其绝大多数储量蕴藏于大洋锰结核中。钴的稀有性与对新能源发展的重要性,致使其成为世界范围内各国关注的重要资源。钴矿藏量较大的俄罗斯和澳大利亚等国家也已开始纷纷制定相应策略,限制钴矿的大量出口。根据2021年国际能源署的预测,在未来 20 年中,新能源产业的发展对稀有金属的需求将持续扩大。其中,在稀土元素方面的消费份额的上涨将超过 40%,在钴和镍方面的需求份额的上涨将超过 60%,甚至达到 70%,而锂消费份额的增长将超过90%。新能源行业的迅速扩张将会推动稀有金属需求的结构性增长,而且稀有金属矿藏资源的垄断程度高于传统油气资源,未来地缘政治的核心可能由传统油气资源转移至稀有金属,致使稀有金属的稳定供应面临风险。

　　其次，我国新能源产业链供应链仍无法自主可控。俄乌冲突爆发后，经济全球化逆流趋势加剧，全球新能源供应链的安全与稳定受到进一步冲击。在此背景下，我国新能源供应链虽然具备较好的基础，但是尚未实现百分百自主可控，这主要表现在部分细分行业仍然存在短板，少数关键核心零部件依赖海外进口。例如，风电与新能源汽车等领域所需的衬底材料与高性能工业通用芯片仍需从国外采购。当下，我国新能源汽车产业的发展与变革对产业链提出了更高要求，叠加国内产业缺乏对部分核心零部件的主导权，这些不可控因素令新能源汽车产业的供应链安全问题进一步暴露，建立自主可控的新能源汽车核心零件产业链体系已刻不容缓。反观当下，美国少数新能源企业则已垄断了部分行业的技术专利，如无钴正极材料和高容量富锂的技术专利；德国和韩国新能源企业则在高镍低钴三元电池材料方面占据着绝对优势地位；而日本的信越化学工业株式会社则拥有硅基负极材料的核心专利技术。另外，在氢能和燃料电池技术方面，我国与国际先进水平仍存有较大差距，尤其是光伏电池银电极用的银粉与大容量风电机组主轴承等核心零部件仍部分依靠高品质的进口产品。

　　本章内容主要通过分析新能源产业发展现状，探讨新能源产业发展过程中所表现出的问题，总结出新能源产业发展的主要特征——政策性特征、技术性特征、高投入特征和高风险特征。这些新能源产业发展过程中所体现的特征可以为后文分析新能源企业成长及其影响因素提供一些思路。

第4章 新能源产业发展过程中的企业成长分析

结合新能源产业发展过程中所体现出的特征与存在的问题，本章内容主要分析新能源企业的成长，寄希望于通过企业成长促进产业发展，以产业发展化解现实中存在的问题。另外，本章内容还分析了众多新能源企业成长的动因及其影响因素中的核心要素，以及要素之间的相互作用，进而形成新能源企业成长的路径与作用模型。

4.1 新能源企业成长动因分析

新能源企业的成长相比普通企业，其周期阶段更具特点，成长过程中也面临更多的机遇和挑战，同时对科学技术的要求更高，企业判断和规避风险的能力也是企业成长的主要影响因素。新能源企业的成长关键，在于能够减少负面因素的影响，进行自我创新和变革，在生命演化中获得突破瓶颈的能力，例如在企业内部加强自我管理能力，完善激励体系，注重企业文化的培养和与当地政府民众的融合能力；在企业外部通过资源结盟吸收和消化前沿知识，对市场环境中的变化能够及时做出应变，加强企业的环境适应能力，拓展企业产品或服务的销售路径。总体而言，新能源企业的成长动因可以分为内、外两个层面。

4.1.1 新能源企业成长的内因

新能源企业的组成要素包括财力资源、人力资源、物质资源和技术资源，是国民经济发展中的关键递增点，是形成具备高价值产业链中的关键一环，能够通过专有技术，将能源转换为适用于国民生产的具体产品或服务。新能源企业同时也是具有生命力的组织结构，其成长过程可以看作资源和能力在生命周期中的提升。

对于资源要素和能力要素的分类而言，虽然学术界对于这两类要素的关注各不相同，并认为两者的概念区别并不清晰，不过从企业的结构形式来说，新能源企业属于资源密集型和技术密集型企业，其成长更多依靠资源扩张，按李嘉图认为的经济理论，即对于资源拥有者的资金补偿，超过了资源在其他选择中所能收获的最多经济利润的情况，属于超额收益。经济租金分为资源稀缺性（李嘉图）、市场垄断性（张伯伦）和创新性（熊彼特）三种，简单而言新能源企业的生存与发展，可以变相看作在市场环境中获得经济租金、收取超额收益的过程，新能源企业作为能源开发者和拥有者，有权力以稀缺资源所有权为基础、以技术创新能力为跳板，获得市场垄断所带来的经济利益，这也是新能源企业投资、发展和潜在推动力。

新能源企业的成长过程是租金需求和利益超额获取的过程，按照李嘉图等学者的研究理论，新能源企业的成长第一步是获取资源，通过对资源的开发和生产，形成能够投放于市场的产品或服务，第二步是通过产品或服务的市场份额，获得一定的收益租金，第三步是将收益租金中的未来部分落实于现实，换而言之新能源企业的战略目标可以看作获得更多的市场租金。结合三种租金分类方式，可以进一步研究这三类租金对于新能源企业的成长有何种具体影响。李嘉图认为资源稀缺性租金是资金中最为单纯的一种，新能源企业主要依靠自身的技术工艺和人才团队，获得稀缺性资源的开发和利用能力，在企业发展中这类租金是企业的基本租金，对于企业的成长影响也最小，同时对于企业的人才团队而言，一旦出现高素质人才跳槽流失的现象，企业的租金收益也将会降低。相对而言，企业通过经验积累、品牌塑造和文化建设所带来的市场租金，对于企业而言更为可靠，影响力也更大，不会受到企业人才资源流动的影响，在市场上的稳定性也较强。在李嘉图的经济理论中，培养具有特性、难以模仿和附加值较高的租金资源，能够保证在持续发展中形成动态优势，确保新能源企业在激烈的市场竞争中游刃有余。

张伯伦认为的租金模式主要是指垄断性租金，即在高准入标准的市场模式下，企业通过自身资源所有、市场特殊定位和社会关系，获得较为充裕的市场租金。张伯伦式租金产生于企业的相对垄断地位，对新能源企业的成长而言是其规模扩张和拥有技术专利的结果，是其不可复制、不易超越的产品或服务所带来的市场地位所决定的。但是这种垄断性地位并不一定能长久保持，一旦企业的技术能力落后于其他企业，或市场上出现更为先进的产品或服务，那么原企业的相对垄断性地位将会被打破，获得的额外租金也随之消失。规模较大、技术较强、从业经验较为丰富的新能源企业容易获得垄断性租金，然而大部分新能源企业起步较晚，彼此之间并不存在明显的行业差距，因此对于垄断性租金的获得情况并不明显，不过垄断性租金的获得可以看作新能源企业的未来发展动力之一。

熊彼特认为的市场租金属于创新性租金，主要来自企业的技术创新能力，企业通过市场判断和技术革新、提高自身科学技术水准和抓住市场动态发展方向的方式，获得一定的创新性租金。这种创新性租金的获得存在一定的风险，这是由于企业对于技术创新的投入，将消耗企业大量的财力、人力和物力资源，企业通过创新性行为获得更多市场份额，使得企业的成长更具活力。

创新性租金对企业成长有着巨大影响力，技术创新和工艺革新的成败直接决定了企业的生存和发展，先进的技术能够保证企业获得长时间的市场优势，为企业带来丰厚的经济租金。相比普通企业，新能源企业往往并不具备资金优势和规模优势，因此在持续成长的过程中，通过创新活动谋取技术领先，进而获得更多市场创新性租金，对于新能源企业而言，不但能够获得经济效益，也是通过自我创新获得长期生存的必由之路。

对于三类租金的研究可以得出，新能源企业对于三者之间的获取方式并不相同，三类租金对于新能源企业成长的影响力度也存在差异。李嘉图式的资源稀缺性租金是企业发展的基础资金，是企业资源开发和利用的最初动力，但此类租金并不能完全支撑企业的持续性发展；张伯伦式的垄断性租金，是新能源企业在规模扩大并形成市场相对优势后所获得的，此类租金能够进一步促进企业的优势扩大，对企业的成长形成良性推动，但垄断性租金并不能长期获得，对企业的技术工艺和人才稳定性要求较高，而新能源企业最大的市场劣势往往就是规模和稳定，因此垄断性租金虽然能影响企业的可持续发展，但并不能被新能源企业稳定获得。熊彼特式租金属于创新性市场租金，这类租金产生于企业通过自身潜力挖掘，迎合市场需求和变化，主动进行并最终成功的创新行为，这种创新行为需要企业进行风险评估和资源投入，创新行为可能会失败，也可能会被同行企业模仿或者无法保持较长时间的技术领先地位，然而创新性租金虽然有着较强的不稳定性，但对于新能源企业的成长之路而言，是重要的内部推动力。

4.1.2　新能源企业成长的外因

新能源企业的成长系统具备开放性，市场、社会和民众等组成的外部环境对于新能源企业的成长有着十分重要的影响，和谐稳定良好的市场环境是新能源产业链完善和拓展的前提。新能源企业必须通过主动求变、积极创新和加强内部管理的方式，获得更好的环境适应能力，并加强与环境之间的信息、知识、战略和基础物质交换，使得新能源企业的发展更为有序、良性，外部环境能够影响新能源企业的发展，促进其从低形态转向高形态，推动企业的持续成长。如果企业无法通过创新活动适应市场发展趋势，企业将很可能在市场竞争压力下走向衰亡。现阶段学术界对于外因对新能源企业的影响研究呈现多元化、综合化的趋势，基于生态系统、商业理论和环境研究理论等角度，对企业与外部环境之间的关系进行深入探讨，这些历史文献和探讨成果，为新能源企业成长的研究提供了理论依据。

虽然学术界对于企业外部环境的概念定义存在着分歧，不过大部分研究人员都将在企业非内部、对于企业成长有影响并能够与企业进行相互作用的、具备动态和不确定特征的环境称为外部环境。外部环境所存在的不确定性是经济系统的普遍特征，也是企业动态转变和创新活动的先决条件。不同的新能源企业对于经济系统不确定性的认知并不相同，这种认知差异性决定了新能源企业的发展上限和生命周期。

外部环境的不确定性可以分为客观原因和企业主观原因，不确定性的强弱与信息对称程度、理性有限程度和机会主义思想有很大联系。企业与环境之间的信息不对称可能会导致企业难以正确地对市场变化进行判断，并由于判断失误做出相应的错误转变，拥有对称信息更多的企业能够容易获得市场竞争优势，但企业本身并不能真正知道同行企业拥有的对称信息能力，因此造成了市场交易的不确定性；有限理性是指企业根据自身理念，从理性角度做出相关的行为活动，并努力通过这些行为活动促使企业的成长。机会主义思想是指企业出于战略利益考虑，面对机遇和挑战进行主动求变，以获得更多的经济利益，这种主动求变既可能带来收益，也可能提高企业的成长风险。不确定性也可以分为内部引发和外部引发两种，其中内部引发的不确定性是指由于企业内部原因或成长过程中的行为活动引起的不确定性，外部引发的原因主要是环境变化。综上所述，内因和外因共同决定了不确定性。

在新能源企业的成长过程中，环境变化引发的不确定性对于企业的生存和发展影响较大，企业在外部环境的不断变化下能够获得成长所需的内动力，同时环境压力给企业的生存带来困难，主动求变过程也有可能引发更多的风险，这些不确定性使得企业必须通过技术引进或创新，提高产品或服务的市场价值，并通过完善内部管理体系，提高企业规避风险的能力和市场竞争能力。外因是企业保持活力、力图通过创新降低市场风险的基础，相对于外因的影响，内因的不确定性能够造成企业和企业之间的差异性。

总体来说，新能源企业生存与发展受到不确定性的影响，企业降低不确定性影响的措施是尽量实行资源集聚，保持企业的市场竞争优势，通过掌握主动权和获得更多经济租金，保障企业的市场地位。新能源企业降低不确定性的能力提高，收获的经济利润也相应提高，这种通过资源集聚为企业创造竞争优势等方式，与前文所述的企业创新活动等相同，都是新能源企业延长生命周期、突破企业发展上限的必经之路。

4.2　新能源企业成长影响因素

前文研究可知，新能源企业获得良好发展氛围的关键在于收获更多经济租金和降低内外因造成的不确定性。经济租金可以分为资源稀缺性租金（李嘉图式租金）、市场垄断性租金（张伯伦式租金）和创新性租金（熊彼特租金），企业可以通过加强稀缺资源的集聚、实现市场垄断优势和进行有效的创新活动，为企业的进一步成长提供必要的基础条件。新能源企业获得市场优势的主要条件是企业具备规模化的生产、企业产品或服务有着明显的市场领先优势、企业具备强大的技术能力和创新能力。本书在研究影响新能源企业成长的主要原因时，将结合新能源企业特征与三大租金理论，从企业外因和内因两个层面对影响因素进行梳理和分析。

4.2.1　产业政策

政府政策的扶持是新能源产业链获得生存和发展的前提，这主要是由于新能源企业无法实现快速盈利，面对传统能源的强势有着较大的市场压力。很多投资新能源建设的投资者如果在行业发展初期得不到政策的扶持，将难以承受行业风险。政府的产业扶持政策能够帮助新能源企业渡过新创难关，获得更好的发展空间，政府的舆论导向能够提高民众的环保意识，使得新能源企业能够得到社会的广泛认可，并获得良好的市场推广机会。现阶段的产业扶持政策大致可分为中央政府制定和地方政府制定的两类政策，具体包括财政层面、土地层面、专利激励层面、税收优惠层面和融资层面，这些政策的实施都有效促进了新能源企业的成长。

4.2.1.1　新能源产业政策

1. 新能源产业政策的目标

从综合新能源产业的特征来看，新能源产业政策在发展过程中扮演着极为重要的角色，能够有效提高中国新能源产业的竞争力。此外，新能源产业政策还通过作用于诸多方面来促进中国新能源产业的发展。

首先，宏观因素能够决定新能源产业政策的内容与创新环境。国家的政府行为、经济环境、经济体制与经济发展战略等宏观因素对新能源产业政策的制定与执行能够起到决定性作用，并且决定新能源产业政策的内容与形式。经济发展战略是国家产业政策的灵魂所在，经济发展战略的正确与否关系到产业政策未来命运；经济体制模式则是产业政策的骨架，一个国家具备什么样的经济体制模式，便会拥有什么样的产业政策的实现机制；在不同经济体制中，产业政策的制定与实施会有差别；经济环境则从空间和时间角度考察了影响国家经济增长的人口和资源等因素。

其次，新能源产业政策通过产业竞争的环境影响产业竞争力。产业政策可以分为产业组织、产业技术与产业结构政策等内容，其通过对新能源产业竞争环境的影响作用于新能源产业竞争力。产业结构政策包括衰退产业调整政策、战略产业扶植政策、主导产业选择政策和幼小产业保护政策等，产业结构政策的核心是产业发展的顺序问题，产业结构政策采用哪些方式实施政策与选择何种产业作为支持对象能够直接影响产业竞争力；产业技术政策直接或者间接影响企业能力和技术水平变化；产业组织政策能够促进产业组织形成有益于资源优化配置的竞争，是由政府部门规定的协调竞争和调整企业之间关系的政策，产业组织政策能有效解决产业内部企业的企业竞争活力与规模经济效应间的冲突问题，使市场结构保持合理从而获得产业竞争力；产业布局政策是指政府部门制定的用于干预和规划产业地区分布的政策，好的产业布局政策能够有利于形产业集群、降低产业区内原材料与产品及运输成本、发挥由产业集中所带来的集聚经济效益；还能够使产业内形成相互学习、资源互补的创新氛围，取得产业集聚效益从而提高产业竞争力。

最后，新能源产业政策通过增强微观新能源企业的能力促进产业发展。企业作为产业的载体，该产业竞争力的强弱主要由产业内企业能力的大小而定。根据企业能力理论，企业的竞争力是由企业的积累和企业拥有的知识水平决定的。所以，企业能力是影响产业竞争力高低的重要因素。传统产业政策遵循新古典经济学的逻辑思维，其存在暗含的假设前提，就是产业内部的企业是同质的。在这种理论假设下，传统产业政策以实现规模经济与提高产业集中度为政策目标，通过限制竞争的手段来避免过度竞争与重复建设，以此取得产业绩效。这样的理论假设没把构建企业能力看作产业政策的目标，在某种程度上，这抑制了企业能力的建设，不利于提升产业竞争力。新能源产业政策要避免此类现象的存在，构建微观企业能力来促进产业的健康有序发展。

2. 新能源产业政策的传导过程

从新能源产业政策的信息形成过程中可看出，只要其中任一环节出现问题都会影响新能源产业政策的实施效果。因此，新能源产业政策的自身必须具备可持续性、可行性和合理性。可持续性指能够使政策信息的接收主体形成对政府部门的合理预期，并且作出正常反应。可行性指新能源产业政策的设计应该考虑执行环境与其外部条件，具备明确的操作方式。合理性指新能源产业政策应该从产业发展的现实情况出发，符合新能源产业发展的趋势与客观规律。如果新能源产业政策无法满足以上条件，政策传导的源头便会产生问题，无法获得良好的政策效果；如果新能源产业政策前后不一致，没有统一性，便会使政策接受者对产业政策产生疑惑；如果新能源产业政策不具备可行性，那么产业政策就不会得到有效贯彻；如果新能源产业政策缺乏合理性，将会影响新能源产业的发展，甚至有可能造成新能源产业发展的混乱性与盲目性。此外，新能源产业政策和其他经济政策相互碰撞、冲突将会直接影响新能源产业政策的实施效果。但是，如果在对新能源产业政策的理解与接受中过分融入各地方与各部门的本位利益，将会使新能源产业政策走形或者造成各地区间新能源产业的不良竞争，甚至会造成新能源产业在某区域内的封闭发展，影响资源的有效配置。所以，要正确认识各区域的特点，将新能源产业政策转化为区域经济发展的优势。另外，如果政策信息通畅地传递到政策接受者，但产业政策并未产生作用，政策信息失真。其中执行新能源产业政策的主体应该是各地方与各部门，产业政策的执行对象应是各类新能源企业、新能源投资者。如果政策执行主体没能实施恰当的措施，新能源产业政策就不会得到贯彻；如果执行对象不具备独立的经营实体与自我约束机制，便难以响应新能源产业政策的导向。在新能源产业政策的形成与传递过程中，为促进新能源产业政策的有效实施，应注意以下几方面的内容：第一，要注意新能源产业政策实施的节奏应当控制在合理范围内，不能只急于追求速度的发展，而应该尽快提高地方政府与各部门的管理水平、促进新能源企业的自主研发与健康发展。通过营造新能源产业政策实施的良好微观经济环境，使新能源产业政策充分发挥出其应有的作用。第二，推行新能源产业政策能够直接影响到我国经济发展的质量与我国新能源产业在国际市场中的竞争力。所以在此过程中政府部门要明确调控手段，加大协调、督察等工作的力度，保证新能源产业政策的贯彻与落实，并且在实施过程中还要努力提高新能源产业科技创新的水平，推动新能源产业的合理发展。第三，当外部环境发生巨大变化，迫切需要实施新的新能源产业政策时，但政府部门此时的管理模式无法与经济发展的要求和市场经济相适应，在此状况下，政府部门的职能就要转变，通过高效率的政府工作与产业政策相配合的方式为新能源企业提供服务与帮助。

根据上述内容对中国新能源产业政策形成的介绍与现实中新能源产业政策的实施，可以将中国新能源产业政策的传导路径大致分为三个层次的传递。第一层次是由中央政府部门就新能源产业的战略意图而制定的宏观产业政策，这些宏观产业政策中包含对新能源产业发展的相关具体内容，其间接作用于微观经济环境；第二层次是各相关部委与省级地方政府在接受中央的宏观产业政策意图时，制定相关的部门产业政策与地方发展的产业政策，该类政策直接作用于微观经济环境；第三层次是由县市一级政府制定的区域发展与产业导向政策，该类区域产业政策可能经由县市级政府后直接作用于新能源企业。综上所述，中国新能源产业政策的传导过程如图 4-1 所示。

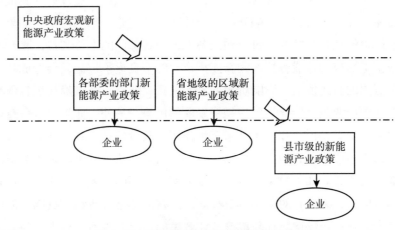

图 4-1　中国新能源产业政策的传导过程

在目前中国新能源产业政策的传导过程中，产业政策的传递存在一些现实问题和应该值得注意的地方。例如，新能源产业政策存在多头性和多层性问题，中央政府出台的宏观产业政策与各部门、各地方自行制定新能源产业发展规划存在协调性不统一，难以形成中国新能源产业的国际竞争力。另外，新能源产业的相关部委与省（市、自治区）等多层次的政府部门出于自身考量，很有可能使产业政策的传导变形与失真，导致了不少局部利益和短期效应项目的出现。此外，新能源产业政策传递的层次和环节越多，就越容易出现问题，不少民营新能源企业能够得到的贷款与扶持方面的政策帮助仍然不足。针对目前中国新能源产业政策在传导过程方面存在的问题,必须提高新能源产业政策实行的有效性,并且加快转变政府部门的管理职能,采用明确的调控手段来为新能源企业营造良好的外部环境。

3. 新能源产业政策作用路径

通常来讲,结合前文提及的影响新能源产业发展特征及新能源企业成长影响因素,从新能源产业政策的作用效果来看,其主要通过三种路径来增强新能源产业的活力:改善新能源产业的投资环境、加强新能源市场的开放和提高新能源科研创新水平。新能源产业政策中的财政政策与要素支持类政策能够促进新能源科研创新水平的提高;价格补贴类的政策能够促进新能源产品进入消费市场,面向消费者推广新能源产品;税收优惠类政策能够间接降低新能源企业的运营成本,为企业的生产投资提供便利条件。产业政策中也包含一些其他类政策,例如扶持高校对新能源专业的开设、为新能源产业发展提供充足的专业技术人员等。由此可见,新能源产业政策中的各类政策通过自身作用来增强新能源产业的发展活力(见图 4 - 2)。

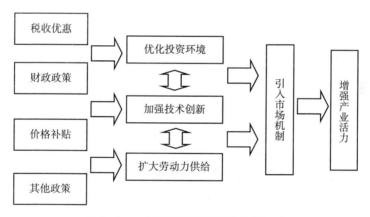

图 4 - 2 中国新能源产业政策作用机理

另外,本书在目前中国新能源产业政策的传导目标与传导路径以及新能源产业政策的作用机理的基础上,对中国新能源产业政策的作用过程进行了分析与总结,形成中国新能源产业政策的作用路径,如图 4 - 3 所示。

目前,中国新能源产业正处于商业化初期向商业化成熟期的过渡阶段,新能源制成品的生产主要在学习效应与规模效应的双重影响下达到成本下降的目的。在该时期内,头部新能源企业成为产业发展的主体,积极参与到新能源市场的竞

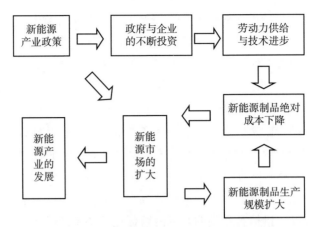

图 4 - 3　中国新能源产业政策的作用路径

争中来，并且努力扩大自身市场份额实现利润。但是，传统化石类能源相对于新能源发电的发电成本要低，处于竞争优势地位。所以，这个时期的新能源产业政策较为重要，其作用不只是促进新能源制品产量的增加，而且要加大对新能源产业的扶持以达到渗透市场的作用。此外，在该阶段内，在新能源产业政策的作用下，开始逐渐引入市场机制，并且形成以新能源企业为主体的市场格局，实现产业补贴退坡与最终取消，甚至还要防止新能源企业依赖政策补贴运营的现象。

4.2.1.2　新能源产业政策的理论解释

1. 新能源产业政策的产量效应

通过前文对新能源产业的阐述可知，影响新能源产品产量的因素包含资本、技术和劳动力等，但是如果将所有的影响因素都在新能源产业内做通盘考虑，将无法达到分析效果。所以，鉴于新能源产业的资本对该产业的技术研发具有重要意义以及劳动力在中国目前新能源产业发展过程中所起到的实际作用，本书拟采用资本与劳动力这两项重要指标投入来分析新能源产业的生产函数。

那么，新能源生产函数可以被定义为 $Q = f(K, L)$，其中 L 为劳动投入，K 为资本投入。此处，新能源产业政策的作用可以被看作政府部门对新能源制造厂商在其生产环节所进行的补贴，用以降低新能源产品的生产与经营成本。这些产业政策的发布与实施大都集中在各省、市级政府发布的新能源产业政策之中。

在进行分析之前，本章进行如下假设：

（1）新能源生产厂商理性，信息是完全对称的；

（2）资本被新能源厂商用于生产资料的投入。

如图 4 - 4 所示，横轴 L 代表劳动，纵轴 K 代表资本，在投入是固定的条件下，新能源产品生产的等成本曲线分别为 C_0、C_1，与其相对应的最大等产量曲线分别为 Q_0、Q_1，资本与劳动的单位价格分别为 P_K、P_L，其中与新能源生产等成本曲线 C_0 对应的方程是：

$$P_K K + P_L L = C_0 \tag{4.1}$$

由式（4.1）可以得出等成本曲线 C_0 的斜率 $K_0 = -P_L/P_K$

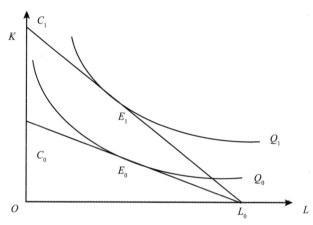

图 4 - 4 新能源产业政策的产量效应分析

当政府部门对新能源产品实施产业补贴政策时，在假设条件（1）下，该产业政策的实施不会引起劳动力投入的大幅度变化。另外，假设政府部门的单位生产资料补贴率是 S，由假设条件（2）可以得到，生产资料所需要的资本 K 的价格变化为 $(P_K - S)$，式（4.1）则变为：

$$(P_K - S)\ K + P_L L = C_1 \tag{4.2}$$

该等成本曲线的斜率为 $K_1 = -P_L/(P_K - S)$，则等成本曲线发生了改变，变为 C_1，显而易见 C_1 斜率的绝对值要比 C_0 的大，也就是其坡度更陡，并且与等成本曲线相交于 $(L_0，0)$，这是因为实施产业政策后劳动力的投入没有发生变化。

由图 4 - 4 中可知，等成本曲线 C_0 与等产量线 Q_0 的最优配置点是 E_0 点，将其与政府部门实施产业政策后的最优配置点 E_1 进行比较，可以发现在 E_1 时的产量比在 E_0 时的产量要高，也就是政府部门实施的产业政策促进了新能源产品产量的提高。所以，综合上述分析可知，新能源产业政策的实施能够对新能源产品的产量起到积极的促进作用。

2. 新能源产业政策的福利效应

近些年来，中国新能源产业政策的不断调整与颁布，新能源产业政策对社会各阶层的利益起到了调整的作用。所以，中国新能源产业政策所引发的效应可以被定义为"帕累托改进"效应或者是"卡尔多改进"效应。

"帕累托改进"是以意大利的经济学家帕累托（Vilfredo Pareto）而命名的，指某项政策在使部分人的利益增加时，并不会使其他人的利益受到损害，那么此类政策效应就是帕累托改进。本书来说明中国新能源产业政策效应的帕累托改进，纵轴为 A 组人利益，横轴则为 B 组人利益。假定某项新的产业政策实施之前为 D 点，此项产业政策实施之后，使得 A 与 B 两组人利益组合点发生变化，由 D 向其右上方向移动（移至 C 点、F 点或 E 点）。如果由 D 点移至 F 点，说明在不减少 A 组人利益的情况下提高了 B 组人的利益水平；如果由 D 点移至 C 点，则说明在不减少 B 组人利益的情况下提高了 A 组人的利益水平；那么，如果由 D 点移至 E 点，则说明 A 与 B 两组人利益都同时得到了提高（见图4-5）。

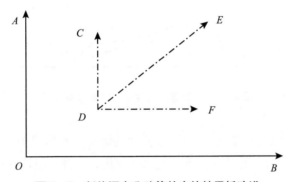

图4-5　新能源产业政策效应的帕累托改进

而"卡尔多改进"则是指某项政策实施之后，遭受利益损失的那部分人所估计的损失数额小于获得益处的那部分人所估计的利益数额，此类政策效应就是"卡尔多改进"。该准则是由英国经济学家卡尔多所提出的。"卡尔多改进"还隐含着虚拟补偿的原则，就是受益者获得的利益数额在补偿受损者的利益损失数额之后仍有剩余，因此社会的利益得到了增加。

帕累托准则曾被学界所广泛接受，但是由于其未考虑到某些人受损的特殊情况，所以使很多的政策不能使用该准则来进行评判。在现实的社会生活中，大多数的政策在对利益进行调整时，大都会使某些人的利益受到一定影响。如图4-6中的 E 点所示，当利益的组合点由 D 点移至 E 点的时候，A 组人的利益得到了提高，但是 B 组人的利益却下降了，所以 A 组人是产业政策的受益人，B 组人则是产业政策的受损人。显而易见，此类的产业政策效应不能够用帕累托准则来进行判断。从整个社会的利益来看，如果有一部分人的利益增加额度高于另一部分人的利益损失额度，那么社会的整体利益就会得到提高，产业政策就值得实施推广。此处，卡尔多准则显示出其自身的特性弥补了帕累托准则在此方面存在的不足之处。那么可以进一步说明新能源产业政策效应的"卡尔多改进"。假设起始点在 D 点，因为新的产业政策的实施使获取利益组合点由 D 点移动到 E 点，这时 B 组人的利益相应降低，A 组人的利益得到提高，但是从图 4-6 可以看出，E 点与 G 点、H 点位于一条相同的利益可能曲线之上，这条利益可能曲线高于 D 点所在的利益可能曲线，因为可以由 F 点与 G 点优于 D 点而判断出 E 点优于 D 点，这就说明了由 D 点到 E 点的时候，A 组人所提高的利益额度要大于 B 组人降低的利益额度，所以社会的整体利益得到了提高。再假设有一条利益的可能曲线通过 D 点，那么任何产业政策的实施，只要能够使获得利益组合点移向了此利益曲线之外（例如图 4-6 中的 E 点、F 点、G 点、H 点），社会的整体利益就会得到提高；与之相反的是，如果 D 点移动到了该利益线的内部（例如图 4-6 中的 C 点），那么社会的整体利益便会下降。社会的整体利益下降说明产业政策的效应没能够出现"卡尔多改进"，这样的产业政策的实施效果不好，从而不应该得到实施。

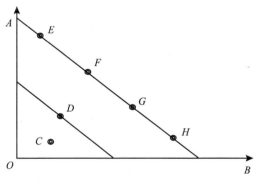

图 4-6　新能源产业政策效应的"卡尔多改进"

　　在中国新能源产业政策的实践环节中，很多政策的实施大都属于"卡尔多改进"。例如，国家发展改革委关于印发《可再生能源发电价格和费用分摊管理试行办法》《可再生能源法》等政策，均明确了三项原则：第一，电网企业要全额收购发电量；第二，设立合理上网电价（电价包括企业的合理成本与合理利润）；第三，避免电网企业赔钱，超出常规电价的部分将在全国电网内分摊。这一系列的实施无法被归结到"帕累托改进"之中，根据现实情况其更符合"卡尔多改进"。
　　对于新能源产业政策卡尔多改进效应的分析，我们可以做更详细的分析。中国于 2000 年后开始全面推行新能源产业政策，根据实际情况我们可以了解到，新能源产业政策对新能源生产者、新能源消费者和整个社会的福利都造成了影响，以下内容便是对三者之间的福利变化情况进行的分析。在完全竞争的市场中，新能源产品的需求与供给以及市场的均衡价格都由市场来决定。如图 4 - 7 所示，D 与 S 分别代表新能源产品的需求与供给曲线，P_1、Q_1 分别是市场的均衡价格与均衡产量。当政府部门对新能源企业实施产业政策之后，例如，住建部与财政部出台的《光电建筑应用财政补助资金管理暂行办法》，国家能源局、科技部与财政部联合发文的《关于实施金太阳示范工程的通知》等政策的实施均促进了新能源生产厂商的生产积极性的有效提高，愿意更多地生产新能源组件与产品，新能源组件与产品的供给量增加，在图 4 - 7 中表现为新能源产品供给曲线向右移动，由 S_1 平移到 S_2，则新能源产品的均衡产量为 Q_2，该产量大于产业实施补贴政策之前的市场需求量，降低了生产企业的生产成本，提高了行业的产品供给，则新能源产品的均衡价格降低到 P_2，并且 P_2 小于 P_1，也就是产业政策实施之后的新能源产品市场价格降低到政策实施前的市场价格以下。

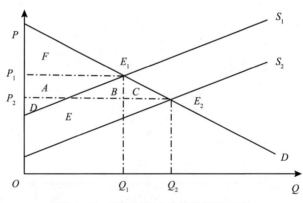

图 4 - 7　新能源补贴政策的福利影响

当新能源产品的市场价格由 P_1 降为 P_2 时，仍按原来计划购买新能源产品的消费者剩余支付价格降低到 P_2，则福利增加为 $A + B$；另外一些增加新能源产品购买量的消费者福利则增加了 C，那么新能源产品消费者剩余的增加总量即为 $A + B + C$。

新能源产品生产者在实施补贴政策之前按照价格 P_1 进行交易的时候，新能源产品生产者剩余为 $A + D$，当产品销量增加到 Q_2 以后，价格变化为 P_2 时生产者剩余变化量为 $D + E$，那么生产者剩余的变化量为 $E - A$。同时，考虑到政府部门对新能源产业进行的补贴 S，那么如果 $E-A+S$ 大于 0，则生产者剩余便会增加，新能源产品生产者的确从新能源产业补贴政策中获得收益；如果 $E-A+S$ 小于 0，则新能源产品生产者剩余就为负数，新能源产品生产者无法从该项补贴政策中获得收益。

那么对社会总的福利来说，执行补贴政策之前为 $D+A+F$，在这之后，由于政府部门实施新能源产业的补贴政策的成本是由政府部门承担的，因此政府部门要承担补贴的成本 S，该时刻社会总福利变化为 $D+A+F+B+E+C-S$。从以上的分析能够看出，对新能源产业实施补贴政策之后，社会总的福利变化量变为 $E+B+C-S$，若 $E+B+C$ 能够大于 S，则社会总的福利为正数，与之相反则为负数。经过以上分析可得，综观社会中的各群体，可以发现福利经济学中所定义的使社会中的所有人状况变好的情况没有得到实现，或者说是尚不确定，所以中国政府部门执行的新能源产业政策不能被称为"帕累托改进"，可以说其使一部分人的情况变好。其实政府部门在执行新能源产业政策之后，新能源生产厂商可以从这项补贴政策中获得收益，政府部门的损失便是补贴成本，则此时新能源产业政策的实施就属于"卡尔多改进"。某一项政策只要符合"卡尔多改进"，该产业政策就能够出台与实施。此时就政府部门而言，在当前的实际情况下，保障新能源生产厂商在产业发展初期经营困难的局面下，使其实现合理的利润目标也得到了一定体现。

通过上述对中国新能源产业政策所进行福利经济学的分析可知，新能源产业政策的实施不属于"帕累托改进"，而应该属于"卡尔多改进"。只要政策的实施符合"卡尔多改进"，那么该政策就能够产生良好的效应，政策就应该实施。

3. 新能源产业政策的环境效应

新能源产业的兴起能够有效节约自然资源、保护生态环境。当前，我国因为矿产资源的开发所引起的环境污染问题尤为突出，采矿区的生态系统也愈发脆弱，大量矿产资源的开采破坏了该地区原有的生态平衡。另外，我国的能源消费结构中煤炭占比一直较高，二氧化硫与二氧化碳等矿产资源开采加工的废弃物排放量增加较快。不管这是来源于全球碳减排压力的上升，还是经济发展中的能源瓶颈约束，中国新能源产业政策能够促进清洁的能源发展，对减排温室气体、保护环境、优化我国能源结构具有非常重要的作用。

清洁且高效的新能源资源将会成为替代传统化石燃料的必然之选。太阳每秒释放能量相当于燃烧 1 亿多吨煤所产生的能量，发展新能源产业具有节能、减排作用。此外，中国煤炭发电标准是 390 克/千瓦时，产生 1 千瓦时的电所排放二氧化碳的量为1.4千克，而利用新能源组件发电每瓦新能源组件平均发电为1.5千瓦时，相当于减少二氧化碳的排放量为2.1千克，二氧化碳排放量的减少对环境的作用很大。新能源是可再生的、清洁的能源，利用太阳能制品直接将光能转化为电能的新能源发电具有无须燃料、无转动部件、维护简单、环境友好等明显优点。新能源发电相对于燃烧化石燃料发电，其不产生有害气体。新能源发电相对化石能源发电，不会破坏生态环境；新能源发电相对核能发电，不会产生核污染的潜在危机。因此，政府部门积极实施新能源产业政策，以此促进新能源产业的迅速发展。随着国家对新能源产业的政策支持的力度加大，中国新能源产业在国际合作项目、推广计划与国家大型工程的推动下，正以前所未有的速度高速发展。新能源发电的装机容量在可再生能源范围内仅落后于风力发电和水电，对优化我国能源的结构也起到了至关重要的作用。新能源产业政策的相继实施与新能源产业的飞速发展，必将为生态环境改善与我国经济发展和生态平衡之间的矛盾提供新的解决思路。

　　但是，通过反观当前国内新能源产业的发展实际情况可以发现，由于技术落后等诸多原因，中国新能源产业在国内也存在着较为突出的污染问题。首先，光伏制品中的多晶硅的生产会产生大量有害物质。虽然当前新能源电池的技术较为多样，但是多晶硅仍为现今光伏电池的主流。生产过程中回收工艺的不成熟使含氯的有害物质很有可能外溢，造成重大的污染与安全隐患。其次，国内大部分新能源制品生产企业仍未能实现闭环的生产流程。由于新能源制品在其生产过程会产生有害物质，如何才能有效回收并处理这些有害物质一直是中国新能源企业技术研发的难点与重点。欧美企业采用改良西门子工艺成功实现了生产流程中的闭环运行，而国内新能源企业大多沿用俄罗斯的技术配合欧美的设备，这些方法均无法实现生产流程的闭环运行，未能彻底解决环保与高能耗的问题。再次，由于新能源制品的产量大幅增加，从而由其衍生的有害物质氯化物无法得到有效消化。这些氯化物很大程度上需要靠下游厂商来进行消化，但是如此大量的氯物质远超出国内新能源产业下游厂商的消化能力，这会带来环境污染的隐患。此外，新能源发电系统的废弃物对生态环境会产生破坏性。离网型新能源发电系统是由用电器、电路保护、逆变器、控制器、蓄电池组及新能源电池方阵组成。新能源发电系统中的蓄电池绝大多数都是铅酸蓄电池，其内含有大量的硫酸、镉、锑、铅等有毒物质，这些物质会对草原、地下水、土壤等造成严重污染。最后，新能源产品的用户环保意识不强也会导致污染。新能源发电站基本都是由专业人员负责维护，该类人员具备环保意识，能够较好地处理发电废弃物。但是对于家用商用型的光伏发电系统，大多数用户没有考虑过新能源废弃物的污染问题。同时，目前国内的大型光伏发电系统又多在边远地区并且居住高度分散，回收新能源废弃部件成本较高也导致了新能源制品废弃物丢弃从而造成的环境污染问题。在这方面，新能源产业政策应该给予广泛的关注，并且给予一定的指导意见。关于新能源制品生产过程中存在的污染，国家发展改革委曾下发了对新能源制品回收制度等政策，政策的出台有效遏制了环境污染继续扩大的问题。政策中详细规定了新能源制品的回收率指标与能耗，政策中还提及综合电耗大于 200 千瓦时/千克的多晶硅产能都将被淘汰，该系列法规政策的实施有助于缓解新能源企业的高污染与高耗能问题。目前，随着政策的逐步实施，国内大部分新能源企业能耗控制得到进一步加强，例如江西赛维 LDK 公司，其通过对最新一代的改良西门子工艺进行优化，实现了企业生产的全回收系统，并且电耗不超过 60 千瓦时/千克，物耗的水平也能够控制在行业标准的 50% 以下。江苏中能公司则在系统物料循环利用率、节能降耗水平与先进技术工艺的运用等方面具备世界领先水平。

可见，新能源产业需要产业政策的推动来使产业发展向高端不断进步，逐渐摆脱低端产业链的污染与高耗能等不良影响。在这期间，新能源产业政策的制定与实施要能够促进新能源技术进步从而能够对生态环境起到保护的作用，为生态环境的改善提供助推力量。

4. 新能源产业政策的结构转换效应

新能源产业政策的实施不但使新能源产业得到了飞速发展，而且更重要的是其还促进了产业结构的转换。我们可以假设一个简单的生产者行为模型来解释产业政策如何促进产业结构的转换。

首先假定电力生产者可以在两种电力生产模式之间进行自主选择：一种生产模式为新能源发电；另一种生产模式为传统火力发电模式。电力生产者的生产要素大都包含资本与劳动力两种，电力生产者将资本与劳动力两种生产要素分配于电力生产。在此期间，政府部门会对从事新能源发电的生产模式进行补贴。这样，电力生产者将会在传统火力发电模式与新能源发电模式之间进行选择。那么，根据社会实际发电模式的变化趋势，随着政府部门对从事新能源发电生产模式给予的利好政策的增加，电力生产者对传统火力发电模式的投入就会减少而对新兴的新能源发电模式的投入增加。这说明新能源产业政策能够引导电力生产者提高对新能源发电模式的投入，减少对传统火力发电模式的投入。在电力生产者投入成本固定不变的条件下，电力生产者会根据政策的变化对电力生产进行相应调整，增加补贴发电模式的光电发电量，减少没有补贴的传统火力发电模式的发电量，从而起到产业结构转换的作用，使大量资本与劳动力投入到新兴的新能源产业部门之中。

从新能源产业政策效应的理论分析中，我们可以得知新能源产业政策的实施能够有效促进新能源制品的产量的提升；此外，政府部门在执行新能源产业政策之后，新能源生产厂商可以从补贴政策中获得收益，政府部门的损失便是补贴成本，如果新能源生产厂商从补贴政策中获得的收益大于政府部门的补贴成本，此时新能源产业政策的实施就属于"卡尔多改进"，能够保障新能源生产厂商在产业发展初期经营困难的局面下，使企业实现合理的利润，促进新能源产业向前发展。从新能源产业政策的环境效应来看，中国新能源产业政策能够促进清洁的可再生能源的发展，对减排温室气体、保护环境、优化我国能源结构的目标起到促进作用。从新能源产业政策的结构转换效应方面来看，新能源产业政策能够引导电力生产者提高对新能源发电模式的投入，减少对传统火力发电模式的投入。在电力生产者投入成本固定不变的条件下，电力生产者会根据政策的变化对电力生产进行相应的调整，增加补贴发电模式的光电发电量，减少没有补贴的传统火力发电模式的发电量，从而起到产业结构转换的作用。所以，综观中国新能源产业政策效应的理论分析，新能源产业政策的实施能够促进新能源产业与企业的健康、快速、可持续发展。

4.2.1.3　新能源产业政策对企业的影响

当前国内的研究角度和理论文献，大部分是来自经济学家基于佩雷斯（Peres）的理论思想作出的进一步总结，即经济危机会促进技术创新，引发主导产业的工艺革新，通过技术创新、产品或服务质量提升和市场销售途径的扩展，形成时代新兴产业的诞生和发展，新能源产业是时代新兴产业的代表之一。2009年时任总理温家宝曾在《让科技引领中国可持续发展》中指出，经济危机后，发达国家对于高新技术的研发和科学知识的创新投入巨大，我国也必须实行抢占科技制高点的现代化战略，例如对新能源企业及其产业链进行进一步扶持和引导。由此可见，新能源企业的应运而生是时代的需要，是国家战略实施过程中的必经之路，在生存和发展过程中，不仅需要加强自身企业的核心竞争力，也离不开政府的相关扶持政策。

国内学者肖兴志曾对我国现阶段新能源企业的成长模式进行了总结归纳，分为以市场为成长切入点、以政策为成长切入点、在市场环境下通过政策补充作为成长切入点三种模式。他认为最后一种成长模式最符合国内新能源企业的现状，并通过大量的实践调查和统计，对理论研究进行补充和论证。在实际情况中，国家制定的产业政策能够帮助新能源企业获得成长所需的额外动力，包括在企业新创之时，提供整合资源的高效途径，降低企业成本投入，帮助企业更好地融入当地社会并创造良好的融资环境；在企业发展过程中，通过资源共享和技术引导，提高企业的资源配置效率，宏观调控市场环境，促进企业之间保持良性竞争和有效生存，并通过舆论宣传，为新能源企业的产品或服务拓展市场销路；通过集群布局和政策引导，帮助新能源企业提高技术创新能力和环境适应能力，确保新能源企业能够尽可能地突破成长上限，保持稳定成长。西方国家对于新能源产业的扶持政策由来已久，何京（2009）指出，1990 年德国颁布光伏产业政策，对新能源提供的电力零售价按普通价格的九成执行，以投资补贴和低息贷款为前提，引导光伏产业的良性发展；通过实施可再生能源法，规定光伏发电的价格为 0.5 ~ 0.6 欧元/千瓦时，政府通过零利息贷款和 11 亿德国马克的补助，推动光伏企业及其产业链的发展，在此后的 10 年内，德国的光伏行业突飞猛进，在世界范围内仅次于日本，居全球第二位。

　　综合以上内容，本书将产业政策对新能源企业成长的支撑作用归纳如图 4 - 8 所示。

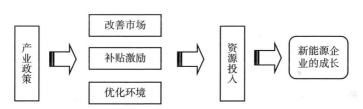

图 4 - 8　产业政策对新能源企业成长的支撑作用

4.2.2　技术创新

　　康德拉季夫（Kondratieff，1952）在长波理论研究中指出，科学技术的发展周期也是生产力的发展周期，社会科学技术结构由科学理论、技术利用和实际应用技术三者组成，其中科学理论能够对后两者进行推动，三者之间通过互相协作的关系保证生产力的持续发展。弗里曼（Freeman，1997）对于 1920 年以后的半个世纪内的 62 项创新发明的时间以及发明内容得以实际应用的时间进行总结和分析，认为创新技术在行业中的占比份额增长类似于 "S" 形曲线，因此新的技术体系对于社会生产力和经济的推动作用也相当于 "S" 形曲线的累加，由此可见新能源企业的成长能够推动产业链的形成和发展，这也是社会生产要素和生产条件的优化整合，并通过新的经济组合提高社会能够获得的更多经济利益。

　　作为高新技术型企业的新能源企业，必须具备超过普通企业的创新意识。新能源企业的创新主动性和创新能力的提高，能够促进企业创造或消化先进的技术、工艺或专利，形成不易被模仿和复制的独特资源，并成为企业具备市场竞争力的前提。新能源行业中的企业之间存在着竞争关系，会通过彼此创新的方式，对竞争对手的创新项目进行压制，新能源企业之间的市场竞争，实质上是创新意识、创新行为和创新结果之间的竞争，技术更为明显的企业能够获得垄断性市场租金，赢得更好的发展氛围。市场环境存在着不确定性特征，这种特征决定了新能源企业不可能随时获得市场对称信息，这种实际情况决定了新能源企业能够通过创新活动，利用信息不对称机会获得发展空间，在一定时期取得超额经济利益。熊彼特在对企业成长的研究过程中还指出，创新实际是一种破坏行为，这种行为能够帮助企业在激烈的行业竞争中抢占先手优势，加强企业的市场核心竞争力，通过企业独有的资源和技术，对其他竞争对手的市场份额进行打压，进而获得垄断性市场租金。因此虽然创新过程投入较大，且有一定的失败可能，但创新仍然是企业发展的最佳路径，企业通过创新活动，降低环境的不确定性影响，通过掌握市场主动权，获得持续性发展和市场超额利益。新能源企业降低环境的不确定性影响，可以通过挖掘企业内部潜力并基于杠杆原理转化外部资源，通过领导者的个人能力挖掘额外的市场空间，以及通过创新行为主动获得市场优势三种模式进行。

　　新能源企业的成长以产业技术创新为前提。新能源企业对于从业人员的技术要求和素质要求较高，其在新创和生存过程中面临的风险较大，对科技知识的依赖性较大。在创新行为中，技术的创新必须落实于最终销往市场的产品或服务中，这样才能真正将技术创新转变为市场份额的获得。在产品的技术转化过程中，企业的内部体系和产品结构也随之变化，成功的创新项目能够帮助企业获得更多的市场优势，吸引更多的投资者对企业进行投资。在新能源企业的实际发展过程中，通过创新行为以规避风险、缓解市场压力、获得进一步发展的例子比比皆是，新能源企业延长生命周期的过程，实际上也是企业创新行为不断突破的过程，是企业通过创新获得经济利益的过程。同时企业都有着自身的生命周期，缺乏技术创新就意味着企业的前进步伐在停滞，在全球经济一体化的现代社会，停止前进只能意味着即将被淘汰，对于依赖科技进步的新能源企业而言，停止创新就等于宣告企业死亡，不断的创新活动能够帮助企业主动求变，更好地适应不断变化的外部环境。基于以上论述，本书将技术创新对新能源企业成长的促进作用归纳如图 4 - 9 所示。

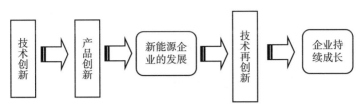

图 4 - 9　技术创新对新能源企业成长的促进作用

4.2.3　投资规模

新能源企业的发展受到投资规模的影响，投资决定着新能源企业的成长下限，现阶段新能源企业对于资本的依赖性较高，同时资本的数量和使用效率对于企业规模的扩张而言极为重要。新能源企业的成长需要投资规模的扩张，这种规模扩张包括直接方式和间接方式。

投资规模直接促进新能源企业的成长是指在当前企业科学技术不变的前提下，通过增加投资力度，拓展企业规模和生产总量，使得企业通过生产要素的增加，提高销往市场的产品或服务数量，这种直接方式的投资可以包括土地资源、资本资源、管理水平和销路拓展等，其中资本增加是新能源企业扩大规模的主要推动力。例如作为我国战略产业之一的光伏产业，在政府政策扶持和基金公司的投资下，获得了较大的发展空间，其中 2010 年光伏市场装机容量达 17 吉瓦，相比 2009 年同期增长 133%，电池组件产能和产量分别为 21 吉瓦和 8.7 吉瓦，占世界总量的近一半，虽然光伏产业随后几年出现产能过剩的情况，但不可否认的是，通过大量资本的增加，光伏产业的规模得到短期、快速提升。

投资规模的间接促进方式是指企业在收获资本投入的情况下，通过内部挖掘和外部引进的方式，提高企业的科学技术能力，主动进行技术创新活动，进而通过技术进步提高企业的市场核心竞争力。如果没有投资规模的促进，企业的创新项目、创新行为和创新产品都会受到影响。例如，新能源研发起步于英国大陆，出现了众多动力技术创新项目，随着投资规模的增加，这种创新行为延伸到了欧洲本土，法国和德国也相继通过技术引进和学习继承，促进本国新能源企业的进一步发展。投资规模对新能源企业成长的推进作用如图 4 - 10 所示。

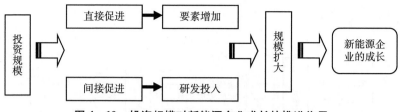

图 4 – 10　投资规模对新能源企业成长的推进作用

4.2.4　企业资源

新能源企业的不断成长离不开配套的资源支撑，这些资源主要包括三个方面，即人才资源、物力资源和组织资源。企业通过对现有人才资源、设备资源和组织资源的建设和利用，完善企业的内部生产管理体系，同时通过提高资源的利用效率，将有限的资源进行挖掘和开发。例如人才资源对于新能源企业而言是最为主要的资源，科技人才能够帮助企业更好地引进、消化创新技术和工艺知识，能够将企业的科学技术落实于能够投入市场的产品或服务中，能够对充满不确定性的外部环境做出正确的调整。新能源企业的发展过程也是企业对于人才资源的利用过程，企业的人才资源结构、规模和稳定性，决定了企业的生命周期长短和成长上限，缺乏人才资源的新能源企业会由于科学技术和创新能力的落后，逐渐走向衰落、衰亡。企业资源对新能源企业成长的支持作用如图 4 – 11 所示。

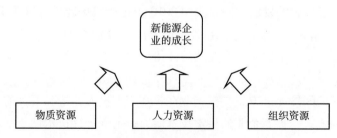

图 4 – 11　企业资源对新能源企业成长的支持作用

4.2.5　企业家能力

新能源企业和普通企业一样，都属于具有生命周期和成长上限的类生命有机体，其内部由各种系统所组成，并通过系统与外部环境获得互动交换，将环境中的信息、技术、物质和变化过程进行吸收和消化，进而获得成长所需要的营养元素。在新能源企业的生存和发展过程中，企业领导层的能力水平是企业成长的重要影响因素之一，企业领导层通过战略规划、布置和落实，控制企业的成长方向，大部分新能源企业的决策权来自企业的董事会成员和企业家本人，企业家与董事会的工作职责相互交叉，而董事会成员的任命和权力也受到企业家的影响。由此可见，新能源企业的成长与企业家的综合能力素质息息相关。

已有的文献资料表明企业家不但能够调整企业内部的生产要素，用于创新和进行决策，并且还擅长发现市场机遇和挖掘企业内部潜力。企业家往往通过市场环境的变化，探寻由于信息不对称而带来的市场机遇，这种发现盈利空间的高度敏锐性可以称为企业家的本能。企业家能够正确地判断市场环境变化，并发现可能存在的机会，进而对企业内部的生产要素进行调整和优化，生产出市场所需的产品或服务，获得市场超额租金，确保企业的市场优势。熊彼特的经济理论中，企业家的能力本质可以参照其如何在有限的时间内，判断出市场所存在的机会，这种兼具专业知识、从业经验和学习机制的能力，大多数是后天学习而来，与先天天赋也有关，企业家的能力强弱是企业生存和发展过程中的重要影响因素。新能源市场环境变化较大，市场不确定性和信息不对称的情况十分普遍，这就需要企业家通过非凡的市场判断力和洞悉力，对市场的未来走向进行预判，对市场中存在的空隙机遇进行准备，对企业的发展方向进行控制和把关。企业家能力为企业带来的超额收益，可以看作是在新能源产业的特殊环境下，市场上确实存在着一些未被经济主体发现的机遇，而对这种机遇的把握能力，影响着新能源企业的未来发展。企业家能力对新能源企业成长的引导作用如图 4 - 12 所示。

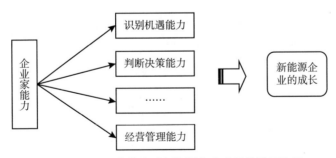

图 4 - 12　企业家能力对新能源企业成长的引导作用

4.3　新能源企业成长作用模型

通过对新能源企业成长的动因与影响因素的分析以及不同影响因素的作用分析，本书提出了如图4-13所示的中国新能源企业成长要素的作用模型。从现有的关于企业成长的理论研究和实践来看，新能源企业的成长过程实质上是不断地利用相关政策和企业各类资源去追求发展机会的过程。在这一过程中，不同的新能源企业由于拥有的资源数量和利用资源机会的能力差异，导致了不同的成长差异。新能源企业成长要素的作用模型表明，在影响新能源企业发展的诸多因素中，产业政策反映的是新能源企业寻求成长的客观外部条件；而企业家能力、企业资源、技术创新和投资规模反映的是新能源企业寻求成长的主观能动因素。可见，新能源企业的成长过程实质是企业外部环境、内部要素与自身能力有机结合的过程，即新能源企业的成长既需要拥有强烈的发展动机——企业家能力，也离不开支持企业成长实现的基础——企业资源，同时更需要具备一定的发展能力——技术创新与投资规模，以及外部环境的良好保障——产业政策。正是在多方面因素的共同作用与相互影响，才实现了新能源企业的不断成长，促进了新能源产业的持续发展。

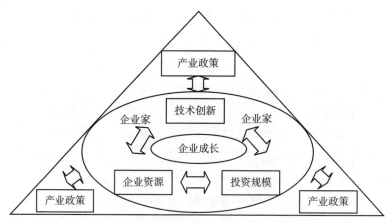

图4-13　新能源企业成长要素的作用模型

第5章 企业成长视角的新能源产业发展实证分析

通过前文对新能源企业成长各影响因素的作用分析，得出新能源企业成长的作用模型，在理论上解释了新能源企业不断成长的原因。本章试图通过实证研究的方法，选取国内 31 家新能源上市企业的财务数据，利用面板数据模型来检验新能源企业成长影响因素的作用结果。在数据截取方面，特选取新能源产业在中国飞速发展的 2004 ~ 2014 年，其原因在于这 10 余年间，新能源企业的加速成长对中国新能源产业的发展起到了决定性的作用，是新能源产业发展实证分析的关键样本。

5.1 新能源企业成长的实证模型

5.1.1 计量方法

在实践应用与经济学学界研究过程中，学者时常要比较并且分析时间序列双重性和伴有横截面的数据，也就是在所分析的数据内既有横截面也有时间序列的双重信息，学界将这种数据命名为面板数据。在分析与研究面板数据时所应用的模型被称为面板数据模型。面板数据模型也时常被称为截面时间序列模型，其是将截面数据以时间为扩展或者是时间序列按空间方向为扩展而得来的二维数据结构的集合。

面板数据模型能够同时描述每个个体因为时间变化而形成的规律，也能描述某个时期内的各个数据所表现出的规律特性，这一特点集中了截面数据与时间序列的相同优点。这相对于仅利用时间序列与仅利用截面数据进行的分析而言，面板数据模型自身具备了相对较多的优势。第一，对于建立与检验相对较为复杂的行为模型，面板数据更具有优势。面板数据模型具备了复杂的结构模型，在研究实际问题上，面板数据模型也通过按照研究问题的数据实际情况，依据相关模型检验之后，从而再利用和实际问题相匹配的模型进行全面分析。因此，建立的模型能够与实际情况相符合，从而可以全面、真实地反映出经济问题。第二，面板数据可以发现截面数据或时间序列不易察觉的效应。第三，面板数据模型能够分析经济问题的多个层次，既能够从动态角度描述个体变化，也能够分析不同截面间的差异与相互联系。第四，面板数据能够含有较多数据，其余时间序列模型比较能够为研究提供较多的数据点，这可以减少解释变量间的共线性并且增加自由度，因此加强了计量经济估计的有效性。第五，与截面数据模型比较，面板数据模型能够控制由无法观测的经济变量产生的 OLS 估计偏差，从而使模型参数样本较为准确并且使模型的设定更加合理。第六，伴随着计算机计算功能的不断强大与计量辅助软件的飞速发展，计量软件能够进行大多数面板数据的数据处理。这一计算机与计量软件方面的进步，降低了面板数据处理过程中较为繁重的工作，并且为面板数据应用带来了更多的便利条件。面板数据模型按照较为常见的分类方法，可以将其分为随机效应模型、固定效应模型与混合效应模型三种。在实践运用过程中，依据数据使用的具体情况和数据的不同特点来选择这三种模型中较为适合的一种。由此才能够运用合理的模型来分析复杂的经济问题，并最终获得合理的解释与说明。

因为固定效应模型能够分离出相对于时期固定或者观察对象的常数来反映时间趋势与截面差异，并且依据数据使用的具体情况和数据的不同特点，本书采用了固定效应面板数据模型。

5.1.2　变量设计

5.1.2.1　企业资产

目前学者对企业成长问题的实证研究较为广泛，慕静等（2005）认为企业成长性评价指标体系包括成长速度（营收总额成长速度、净利润成长速度）、盈利能力（销售净利率、总资产净利率、净资产报酬率）和营运能力（总资产周转率、净资产周转率、人均营收额）三大类。李延喜等（2006）从盈利能力状况、资产运营状况、偿债能力状况、投资报酬状况、发展潜力状况五个方面，选择了16 个指标评价我国上市公司的成长性。这些研究也是主要采用了以财务指标为主的方式，也有学者考虑了其他指标，如成长潜力、环境能力等方面的指标。本章为衡量新能源企业成长的绩效，结合已有的研究选择了新能源企业财务报表中的总资产相对指标和绝对指标来作为测量企业成长的绩效指标。

5.1.2.2　技术创新

关于技术创新能力的测度，本章主要是通过梳理相关的研究文献来进行选择与考量。白俊红等（2008）用创新资源投入能力、研究开发能力、生产制造能力、市场营销能力、创新管理能力来测度企业技术创新能力。进一步参考巴顿（Barton，1992），魏江、郭斌和许庆瑞（1995），李向波（2007）等学者的相关研究成果，尽管不同的学者对技术创新的具体测度指标设计存在差异，但主要是从创新投入、创新产出、创新基础等方面来反映企业技术创新能力。基于此，本书选择新能源企业的技术研发投入来代表新能源企业的技术创新能力。

5.1.2.3　企业资源

新能源企业也是由人、财、物等多种类型的基础要素构成，能够创造和实现财富价值的、具有生命力的一类复杂系统。而林萍（2012）认为企业资源包括技术资源、人力资源、信息资源等。综观研究企业资源学者的研究成果，其均认同人力资源是企业资源最为核心的资源，是物质资源与组织资源的核心载体。基于以上分析，本书选取新能源企业的职工人数作为测度新能源企业资源的实证变量。

5.1.2.4　投资规模

随着新能源企业规模不断扩大，资金需求量也逐渐增大，自有资金往往不能满足企业发展需要。新能源企业要获得更大的成长空间，就要寻求获得更多的资金。此时，新能源企业的融资能力则成为了新能源企业发展的关键因素。本书参考了企业生存与发展环境研究课题组的相关的实证研究成果，并结合新能源企业的特征和专家的建议，选择新能源企业财务报表中的短期贷款指标来代表企业的融资能力，进而测度新能源企业的投资规模的作用。

5.1.2.5　企业家能力

从已有的学术研究成果来看，对企业家的研究中影响力较高的是熊彼特，他认为企业家是那些对要素重新组合、勇于决断并承担风险的人。首先，企业家具有创新精神，正如熊彼特所说，企业家创新是市场经济的原动力，企业家通过打破市场均衡，不断地追求获得超额利润；其次，企业家能够科学决策，善于抓住市场机会，能够制定企业资源最优配置组合的决策，正确分配企业有限的资源，以实现企业利润最大化；最后，企业家敢于承担风险，在一定程度上是冒险家，具备良好的风险决策能力。进一步结合国内相关学者的研究成果，王庆喜（2004）、吕一博（2010）等认为企业的盈利状况是否良好与企业家能力存在正相关关系。所以，本书将企业家能力的指标设定为代表新能源企业盈利状况的财务指标——企业利润。

5.1.2.6　产业政策

自《可再生能源法》颁布以来，全社会对于可再生能源的发展给予了广泛关

注（见表 5 - 1）。各类投资主体加大了对新能源领域的投资，新能源产业发展迎来了加速时期。尤其在政府政策和市场双方面的共同作用下，新能源制造类企业发展迅速，风能、太阳能、生物质能等新能源产业初具规模，形成了产业体系并在国内和国际市场上表现出强劲的竞争力。该阶段正是中国新能源产业政策密集出台时期，因此，本章在新能源企业成长的实证检验过程中将新能源产业政策设置为虚拟变量。2006 年末至 2007 年初的新能源相关产业政策频出，收集整理如表 5 - 1 所示。因此，本书在新能源企业成长的实证检验过程中将新能源产业政策设置为虚拟变量，时间节点为 2007 年。

表 5 - 1　　　　　　　　　　　　新能源相关产业政策

年份	相关政策	类别
2006	《中华人民共和国可再生能源法》	可再生能源
2006	《可再生能源发电价格和费用分摊管理试行办法》	可再生能源
2006	《可再生能源发电有关管理规定》	可再生能源
2006	《可再生能源发展专项资金管理暂行办法》	可再生能源
2006	《可再生能源建筑应用示范项目评审办法》	可再生能源
2006	《国家电网公司风电场接入电网技术规定》	风能
2006	《国家电网公司风电场接入系统设计内容深度规定（试行）》	风能
2006	《变性燃料乙醇及车用乙醇汽油"十一五"发展专项规划》	生物质能
2006	《关于发展生物能源和生物化工财税扶持政策的实施意见》	生物质能
2006	《促进风电产业发展实施意见》	风能
2006	《国家发展改革委、财政部关于加强生物燃料乙醇项目建设管理，促进产业健康发展的通知》	生物质能
2007	《关于开展大型并网光伏示范电站建设有关要求的通知》	太阳能
2007	《关于组织实施高纯硅材料高技术产业化重大专项的通知》	太阳能
2007	《中华人民共和国节约能源法（2007 年修订）》	可再生能源
2007	《电网企业全额收购可再生能源电量监管办法》	可再生能源
2007	《可再生能源电价附加收入调配暂行办法》	可再生能源
2007	《关于加强可再生能源建筑应用示范管理的通知》	可再生能源
2007	《关于印发可再生能源中长期发展规划的通知》	可再生能源
2007	《可再生能源建筑应用专项资金管理暂行办法》	可再生能源
2007	《可再生能源中长期规划》	可再生能源

资料来源：根据各部门政策汇总而得。

5.1.3 模型设定

根据前文对新能源企业成长和实证变量的分析，本节将新能源企业成长的计量模型设定为：

$$\ln zc_{it} = \beta_0 + \beta_1 \ln zg_{it} + \beta_2 \ln ky_{it} + \beta_3 \ln ddk_{it} + \beta_4 \ln dm_{it}$$

其中，t 为年份，i 为各新能源企业，β_1、β_2、β_3、β_4 为各解释变量待估系数，β_0 是待估截距。zc 表示样本企业成长的绩效，用各年新能源企业的总资产来表示，为了用真实值来表示，我们利用固定资产价格指数对其进行了平减处理；zg 为企业资源，用样本新能源企业各年的职工人数来表示；ky 表示研发投入，用样本新能源企业的历年研发投入来表示；ddk 为短期贷款，用样本新能源企业的各年短期贷款数量来表示；lr 为企业家能力，用样本企业各年的利润总额表示。为了减少样本期间数据的波动性，本章用 CPI 对各年数据进行了平减处理；dm 为产业政策，是虚拟变量，在实施产业政策之前为 0，实施产业政策之后为 1，我们将 2007 年作为中国的新能源产业政策实施的时间节点。

5.1.4 数据说明

本书采用中国 31 家上市的新能源企业作为样本企业，并选取 2004~2014 年的财务报表中的各项指标数据作为本次计量模型中的应用数据。因此，后文的新能源企业成长影响因素的实证分析将在横截面上选取 2004~2014 年不同变量的时间序列数值，对面板数据进行回归分析。此外，采用的数据已经过多项数据的对比后取整而得。

5.2 新能源企业成长的实证检验

5.2.1 实证检验结果

本节内容将采用普通最小二乘法对面板数据进行估计，其中包括混合最小二乘法（pooled least square）、固定效应（fixed effect）、随机效应（random effect）。面板设定的 F 检验结果表明个体效应十分显著，应采用固定效应；同时，Hausman 检验也发现在 1% 显著性水平上拒绝零假设，说明相比随机效应，选用固定效应模型更适宜。故后文分析采用固定效应回归结果，新能源企业成长的实证检验结果如下（见表 5 – 2）。

表 5 – 2 新能源企业成长的实证结果

参数	模型 1 混合效应	模型 2 随机效应	模型 3 固定效应
$\ln zg$	– 0. 0248 (0. 766)	0. 2743 *** (0. 005)	0. 3451 *** (0. 001)
$\ln ky$	0. 1413 *** (0. 000)	0. 0884 *** (0. 006)	0. 0809 ** (0. 013)
$\ln lr$	0. 4393 *** (0. 000)	0. 1345 *** (0. 000)	0. 0767 * (0. 031)
$\ln ddk$	0. 1884 *** (0. 000)	0. 1668 *** (0. 000)	0. 1464 *** (0. 000)
dm	0. 3759 * (0. 079)	0. 4346 *** (0. 000)	0. 4783 *** (0. 000)
C	5. 0142 *** (0. 000)	4. 4809 *** (0. 000)	4. 3363 *** (0. 000)
F 检验			32. 21 ***
BP – LM 检验			141. 31 ***
Hausman 检验			16. 82 ***
R^2	0. 7041	0. 4859	0. 4936
观察数	200	200	200

注：（1）括号内为参数 t 估计量对应的 p 值，*** 、** 、* 分别代表 1% 、5% 、10% 的显著水平。
（2）FE 和 RE 分别表示固定效应和随机效应；面板设定 F 检验的零假设是个体效应不显著；Breusch – Pagan LM 检验的零假设是误差项独立同分布，若拒绝零假设则说明存在随机效应；Hausman 检验的零假设是 FE 和 RE 的估计系数没有系统性差异，若拒绝零假设则说明选择固定效应更合适。

5.2.2 实证结果分析

5.2.2.1 产业政策对新能源企业成长呈正向促进作用

新能源企业成长的实证结果显示，dm 与 zc 存在显著正相关，并且在 1% 水平下显著。这说明量化后的产业政策对新能源企业的总资产存在显著的正向影响，其相关系数为 0. 4783，说明产业政策每增加一个单位，总资产提升 0. 4783 个单位。可见，产业政策对新能源企业的成长起到积极的正向促进作用。

由前文可知，2007 年前后，国家密集出台了促进新能源企业发展的产业政策。例如，2007 年 11 月，国家发布了《可再生能源中长期发展规划》。2009 年

3 月财政部颁布《太阳能光电建筑应用财政补助资金管理暂行办法》，其中解释，目前国际范围内有两种对光伏产业的补贴模式：第一种是美国模式，采取的是抵税法案，光伏企业的项目能够享有 30% 税收抵免；第二种为德国模式，其通过提高光伏发电的上网电价进行补贴。中国"太阳能屋顶计划"则相当于美国模式，其为中国的光伏项目提供税收抵免。

另外，解释产业政策对新能源企业成长的促进作用，还可以将前文提到的产业补贴模式进行深入解释。由于新能源企业前期的固定成本投入较大，可以将其前期的市场结构视为不完全竞争市场，并构建不完全竞争模型。首先，我们假设市场中有 J 个类似的新能源企业，新企业的进出受到进入壁垒影响，并且每个企业拥有相同的成本函数。其次，新能源企业在同一市场出售产品，故市场价格依存于在市场上所有新能源企业出售的总产出。设反市场函数是线性形式，最终当市场达到均衡时，一切厂商产量相等，均衡价格、均衡总产量、每个厂商的利润均可求出[①]。产业政策实施之后，能够有效降低新能源企业成本，这使市场上的新能源企业将节省的成本追加投入到企业生产与运营之中，从而促进了新能源企业的快速成长，并且吸引更多的投资者从事新能源行业的生产。

5.2.2.2 科研投入对新能源企业成长呈正向促进作用

新能源企业成长影响因素的实证结果显示，ky 与 zc 存在显著正相关，并且在 5% 水平下显著。这说明科研投入对总资产存在显著的正向影响。相关系数为 0.0809，说明科研投入每增加一个单位，总资产就能提升 0.0809 个单位。可见，科研投入对新能源企业成长呈正向的促进作用。科研投入对新能源企业成长，乃至整个产业的发展起到了至关重要的推动作用。伴随着新技术的不断发展，中国新能源企业得到了飞速发展。中国风能与光伏企业具备在基础研发方面的突破能

---

① 详细模型计算过程如下：每个新能源企业拥有相同的成本函数为 $c = k + cq^j$；$c \geqslant 0$；$j = 1, 2, \cdots, J$；设反市场函数是线性形式，即 $p = a - b\sum_{j=1}^{J} q^j$ (1)，这里 $a > 0$，$b > 0$，并且我们将要求 $a > c$，则厂商 j 的利润是 $\prod j(q^1, \cdots, q^J) = (a - b\sum_{j=1}^{J} q^j)q^j - k - cq^j$ (2) 如果 $(\overline{q_1}, \overline{q_2}, \cdots, \overline{q_J})$ 是一个古诺—纳什均衡，对于一切 k 不等于 j，$\overline{q_j}$ 必定会在 $q_k = \overline{q_k}$ 处最大化，因此对于一切 $k = 1, \cdots, J$，式 (2) 关于 q^j 的导数必在 $q_k = \overline{q_k}$ 时等于 0，即 $a - 2b\overline{q_j} - b\sum_{k \neq j} \overline{q_k} - c = 0$ (3) 所以，在均衡中所有厂商产量相等，由式 (3) 解得 $\overline{q} = \frac{a-c}{b(J+1)}$，则均衡价格为 $\bar{p} = a - \frac{J(a-c)}{J+1}$，均衡总产量为 $\sum_{j}^{J} q^j = \frac{J(a-c)}{b(J+1)}$，每个厂商的利润为 $\overline{\prod j} = \frac{(a-c)^2}{b(J+1)^2} - k$。长期内新能源企业利润为 0，即 $\overline{\prod j} = \frac{(a-c)^2}{b(J+1)^2} - k = 0$，$\frac{(a-c)^2}{b(J+1)^2} = k$，因此可以发现在其他条件不变的情况下，固定成本 k 的降低将会导致 j 的增加。

力，少数大型新能源企业在某些技术创新方面具备领先水平，并且在新能源的制造环节已经逐渐占据全球前列的位置。可见，只要中国新能源企业坚持对研发的重视，那么新能源企业在未来的成长过程中将会更加迅速。

5.2.2.3 短期贷款对新能源企业成长呈正向促进作用

新能源企业成长影响因素的实证结果显示，ddk 与 zc 存在显著正相关，并且在 1% 水平下显著，这说明短期贷款对总资产存在显著的正向影响。相关系数为 0.1464，说明短期贷款每增加一个单位总资产可以提升 0.1464 个单位。可见，短期贷款对新能源企业成长呈正向促进作用。融资能力反映的是新能源企业所拥有或支配资金的充裕程度。面对动态性和复杂性日益增强的外部环境，新能源企业所有活动的开展和竞争力的获取可以通过适度的短期贷款，为新能源企业的生产、销售、创新等经营活动提供支持。新能源企业能否获得满足其成长和发展的足够数量的资金，成为决定其能否维持持续成长和运转的关键。例如在太阳能电池环节和风能的制造等环节，拥有强大融资能力的新能源企业在得到资金注入后能够迅速扩张产能并增加研发费用，实现企业的快速发展。仅 2006～2010 年，国内便涌现出了诸多世界范围内领先的新能源企业。可见，通过持续的融资能够促进新能源企业提升自身竞争能力，扩大投资规模，从而促进企业成长。

5.2.2.4 企业资源对新能源企业成长呈正向促进作用

新能源企业成长的实证结果显示，zg 与 zc 存在显著正相关，并且在 1% 水平下显著，这说明企业人力资源数量对总资产存在显著的正向影响。相关系数为 0.3451，说明人力资源数量每增加一个单位总资产提升 0.3451 个单位。可见，人力资源对新能源企业成长呈正向促进作用。伴随着新能源产业被列入国家战略性新兴产业，国内新能源企业如雨后春笋般纷纷成立，在如此大规模的发展背景下，充足的人力资源为新能源企业的快速发展打下了坚实的人力基础。据国家能源局数据统计，相比于 2002 年不足 6000 人的就业规模，短短 10 年间内其增长幅度近 50 倍，中国太阳能光伏企业的总体从业人数便已经突破 30 万人。在行业内人力资源的充足供给下，新能源企业得以迅速扩张。

5.2.2.5 企业家能力对新能源企业成长呈正向促进作用

新能源企业成长影响因素的实证结果显示，lr 与 zc 存在显著正相关，并且在 10% 水平下显著，这说明企业利润对总资产存在显著的正向影响。相关系数为 0.0767，这说明企业利润每增加一个单位，总资产提升 0.0767 个单位。企业利润在本书中被定义为企业家能力的替代指标，因为企业家能力的有效发挥对企业能否实现较多的利润有着重要的影响。例如，当企业家具备良好的综合能力时，有助于促使新能源企业创新活动的有效开展，提高企业的创新水平。在企业需要战略决策时或企业发展到一定阶段遇到困难的情况下，企业家主动性地实现需要从现有的产品或运营中抽取资源满足其需要，将其投入到新产品或服务过程中。企业家的风险投入可以实现对新机会的把握或新市场的抢占，从而赚得企业利润保障企业的持续成长。

5.3　新能源企业成长传导路径实证检验

产业政策在新能源企业成长与发展过程中起到了十分重要的作用，本节内容为了进一步研究产业政策如何促进新能源企业成长，特对影响新能源企业成长的因素进行了传导路径分析。实证检验着重从企业资源、技术创新和投资规模三个方面来探讨。具体的实证分析模型更改如下：

$$\ln zc_{it} = \beta_0 + \beta_1 \ln zg_{it} + \beta_2 \ln ky_{it} + \beta_3 \ln ddk_{it} + \beta_4 dm_{it} + \beta_5 dm_{it} \ln ddk_{it} + \beta_6 dm_{it} \ln ky_{it} + \beta_7 dm_{it} \ln zg_{it}$$

其中，t 为年份，i 为各新能源企业，原有变量含义不变，新增的 β_5、β_6、β_7 分别表示产业政策通过短期贷款、技术创新、企业资源对企业成长的影响。

5.3.1　实证检验结果

下文分析采用固定效应回归，新能源企业成长传导路径的实证检验结果如表 5 - 3 所示。

表 5 - 3　　　　　　　　新能源企业成长传导路径的实证检验结果

参数	模型 1 固定效应	模型 2 固定效应	模型 3 固定效应
$\ln ddk$	0. 1421 *** (0. 000)	0. 1508 *** (0. 000)	0. 1436 *** (0. 000)
$\ln lrd$	0. 1035 *** (0. 001)	0. 0244 *** (0. 553)	0. 1120 ** (0. 004)
$\ln ky$	0. 1068 * (0. 048)	0. 0987 *** (0. 003)	0. 1165 *** (0. 000)
$\ln lr$	0. 0451 (0. 297)	0. 0825 * (0. 058)	0. 0398 (0. 362)

续表

参数	模型 1 固定效应	模型 2 固定效应	模型 3 固定效应
lnkyd	0.0105 (0.813)		
lnzgd		0.0596 ** (0.033)	
ln$ddkd$			0.0032 (0.915)
C	7.0052 *** (0.000)	6.7895 *** (0.000)	7.0001 *** (0.000)
F 值	28.91 *** (0.000)	30.09 *** (0.000)	28.9 *** (0.000)
R^2	0.6569	0.6621	0.6567
观察数	202	200	202

注：括号内为参数 t 估计量对应的 p 值，*** 、** 、* 分别代表 1%、5%、10%的显著水平。

5.3.2　实证结果分析

5.3.2.1　产业政策通过技术创新对新能源企业成长呈不显著的正向影响

产业政策通过技术创新对新能源企业成长呈不显著的正向影响，其主要原因在于，近些年来随着新能源企业自身对研发投入重要性认识的深刻，大部分新能源企业能够对各类新技术实施产业化推进，主动将企业资源投入到新能源技术的研发当中，从而促进新能源企业的成长。而目前的产业政策的重心也应从鼓励加工制造环节向鼓励新能源基础研发环节转移，从而有效促进新能源企业研发能力的提高，形成行业核心竞争力。

5.3.2.2　产业政策通过人力资源对新能源企业成长呈显著的正向影响

马胜红曾对中国的新能源人才做过调查：在未来新能源产业发展过程中，新能源企业对高层次人才的需求将是持续性增长的。而现实中，新能源的产业政策也强调了对新能源领域尤其是高新技术方面杰出人才的引进与相关专业人才的培养。产业政策在通过优惠措施与优厚条件吸引人才方面也取得了良好的效果，这为新能源企业的成长提供了有力支撑，有效促进了新能源企业的成长。

5.3.2.3　产业政策通过短期贷款对新能源企业成长呈不显著的正向影响

作为资本密集型行业，新能源企业投资巨大，资金一直是困扰新能源企业发展的主要障碍，已有产业政策在执行过程中存在执行不到位等问题，使原有政策对新能源企业资金需求方面的支持未能完全落地或显现出来。面对此类问题，除了解决政策执行的"最后一公里"问题外，还应加强产业政策对民间资本的引导。目前，我国的民间资本已达到相当规模，但受制于相关政策，民间资本对新能源领域投资的渠道过于狭窄。因此，良好的产业政策应该为新能源企业提供有效而全面的支持，进而推动新能源企业持续成长。

第6章 中国新能源产业持续发展的经验借鉴

6.1 发达国家新能源产业发展的经验

新能源产业的理论评价与实证评价间的差异，以及实证结果中相关因素的表现，可以看出目前国内新能源产业发展环节仍然存在某些疏漏之处，新能源企业成长仍有较大空间。本章内容对发达国家或地区的新能源产业发展经验进行了收集与整理，期望能够总结出国外新能源产业发展的成功经验，从中得到对中国新能源产业发展与企业成长的有益启示。

6.1.1 各国新能源产业政策

6.1.1.1 美国新能源产业政策

美国的新能源产业政策主要通过税收优惠来促进产业发展。美国早在 1992 年便开始实施《能源政策法》，其中有关新能源产业的规定包括：对属于州或者市政府所有或者非营利性的电力公司，在 1993 年 10 月 1 日到 2003 年 12 月 30 日期间建设的可再生能源系统，给其 1.5 美分每度电的税金减免，期限为 10 年；2004 年，抵税的优惠额度便已经提高到 1.8 美分每度电。此外，该法案对新能源的发电项目予以减税 10%。

美国曾出台《能源政策法》修正案，其提出了新的新能源投资税的减免规定：对居民应用的新能源系统，予以两年 30% 的税收抵扣，2000 美元封顶；用于商业用途的新能源系统，予以两年 30% 的税收抵扣，之后变为 10%。美国参议院通过了《能源政策法》修正案。其具体内容为：取消了此前对居民应用新能源项目 2000 美元的减税上限；另外，商业用途的新能源项目投资税的减免延长 8 年，对于住宅应用的新能源项目投资税的减免延长 2 年。

金融危机过后,美国政府除实施税收减免政策外,奥巴马还决定从经济刺激计划中专门划拨出 4.67 亿美元来促进新能源的利用与开发。美国能源部还为新能源产业相关企业提供了 5.35 亿美元贷款担保。美国参议院能源委员会经过投票一致通过了美国的千万新能源屋顶计划,该法案的实施能够促进美国未来 10 年新能源市场的迅速增长。这一系列的新能源产业政策为美国新能源市场的稳定发展提供了有力保障。

6.1.1.2　日本新能源产业政策

日本的新能源产业稳步发展与政府对新能源产业的大力扶持有着密不可分的联系。日本政府通过补贴购买剩余电量与宅用新能源发电系统的安装费来激励国内的消费者应用新能源发电系统,并以此支持新能源产业的发展。

北极星电力网显示日本政府为了推广新能源的应用,颁布了宅用新能源发电系统的安装补贴政策。在此政策的实施下,日本政府对安装新能源发电设备的每户家庭实施 90 万日元每千瓦的补贴,该补贴力度达到了新能源系统初装费的 45%。在该政策的激励下,日本宅用新能源发电系统到 2006 年的总装机量已经达到了 137.4 万千瓦。到了 2009 年,日本政府恢复了对新能源产业的补贴政策,并对新能源发电的安装成本予以 50% 的补贴,并且在此基础上提供低息贷款的政策。与此同时,日本政府开始重新实施剩余电量回购制度。随后出台的《家庭新能源发电补贴法》对居民个人使用者给予了巨大优惠,即每千瓦补贴到 7 万日元左右,这相当于用普通电价的 2 倍价格来购买新能源发电设备所发出的剩余电量。这一系列措施极大地激励了居民应用新能源系统的热情,也拉开了日本安装新能源发电设备的帷幕。

6.1.1.3　欧盟新能源产业政策

德国目前是世界范围内公认的新能源应用的大国。德国的新能源制造与安装组件一直处于全球领先地位。德国巨大新能源市场的形成,也有着政府部门对新能源产业的大力支持与政策扶持。根据德国已有的政策法规,其主要通过政府采购、资金投入与法规管制等内容来支持新能源技术与市场的发展。

德国在 20 世纪 90 年代实施了《电力供应法》,该法案主要提出了规定电价、全部收购、强制入网三条基本原则,着力解决可再生能源的发电入网问题,这为新能源发电系统的投资回报提供了保障。同年,又是德国率先推出了一千光伏发电屋顶计划,德国政府部门为安装新能源屋顶的每位用户提供补贴。在 1998 年德国又相继提出 10 万新能源屋顶计划,在居民安装新能源屋顶后,国家电网进行回购,回购新能源发电的电价约为 0.56 欧元每千瓦时,这个价格是传统电价的 5 倍多。进入新世纪，德国又抢在其他国家之前发布了《可再生能源法》，该法案规定对新能源上网电价实行补贴以支持新能源产业的发展，并且规定电网公司需全额收购新能源发电的上网电价，在其规定时间内，开发商能够享受固定上网电价。在 2004 年，德国对《可再生能源法》进行修正，其强调给予新能源发电形式年限为 20 年的 0.624 ~ 0.457 欧元每千瓦时补贴。后来，德国的可再生能源法之新能源发电入网补贴修订案得以顺利通过，该法案增加了对中型和小型规模的屋顶光伏发电设备消费的奖励。这些政策法规的实施激发了德国国内新能源市场的发展。德国政府在实施法规管制、政府采购与资金投入等政策法规外，其还积极实施了金融支持政策与税收优惠政策以促进新能源产业的发展。例如，德国的新能源系统可以按照 20 年予以折旧，商用的新能源系统可以免除部分增值税，从事新能源设备制造与系统生产的企业，其投资额的 27.5% ~ 12.5% 能够作为税收抵免。德国的开发银行还分别对商业投资者、中小企业与私人投资者提供不同类别的贷款利率与贷款额度。

面对西班牙新能源产业的爆发增长与其后的几近停滞，西班牙政府实施的相关政策起到了很大的作用。西班牙在开始实行"皇家太阳能计划"，并且实施"皇家法令 436 号"，该法令对可再生能源上网电价进行补贴。到了 2006 年，西班牙政府对该法令进行修改，提出购电补偿法：对新能源发电量少于 100 千瓦峰的新能源系统实行 0.44 欧元每千瓦时的购电价格，有效期是 25 年。25 年之后的购电价格将会变为平均电价的 4.6 倍。对于多于 100 千瓦峰的太阳能发电系统采取 0.23 欧元每千瓦时的购电价格。随后，西班牙政府再次修改了该项法令，把安装的补助上限上调到 500 兆瓦峰，多出原计划 200 兆瓦峰。在"皇家太阳能计划"实行以来，政策补贴使西班牙国内新能源市场得到爆发式增长，继而成为当年欧洲发展最迅速的新能源市场。根据西班牙政府发布的新皇家太阳能法案，接受补贴的时间数量取决于太阳能系统所在的气候带和太阳辐射程度。西班牙政府在对太阳能系统的资金投入政策外，还实施了相关税收优惠政策。西班牙政府在其发布的法规政策中对新能源发电系统的退税率有明确的要求。

6.1.1.4　各国新能源产业政策重点

在整理各个发达国家新能源产业政策的基础上，进一步归纳出各个国家新能源产业政策的重点。

美国新能源差异政策主要由各州制定与实施，联邦政府则侧重于监管，发布的实际政策相对较少。在过去，美国联邦政府对新能源市场的支持大多是针对商业部门和住宅的税收优惠，对各州的援助大多是以免税债券为主要形式的长期融资工具。因此州与地方政府部门的新能源政策实施较多，其中大部分政策的设计与实施是短期且类似的政策，经费的主要部分来自政府的资助，这一情况易受到政策变动对其产生的影响。相反，实施可预见性的、长期的激励性政策的州在新能源产业发展方面取得了成功，其发展了大量的由用电户资助的项目。

相对于其他国家来说，美国是市场经济较为发达的国家，各类制度与法规相对齐全。美国联邦政府与州政府的新能源产业政策的最大特点便是利用市场机制。例如国美运用补贴免税、加速折旧、投资税收抵免与免税债券等税收优惠政策与贷款担保政策等来促进新能源项目的融资，并吸引更多投资者。此外，美国的金融市场也较为发达，创新速度较快，这有利于新能源项目的投融资，在较大程度上推进了新能源产业的发展。

日本作为新能源发电技术领先的国家，一直较为重视对新能源技术的研发。日本政府不但推行财政支持，而且组建了大型综合的研发机构，集中全国研发力量推进新能源技术创新。日本在推动民众对新能源发电的认知方面做得较为出色，其通过发展宅用新能源市场，在公共建筑与学校等场所安装新能源系统，并且向民众颁发节能产品消费积分与绿色电力证书等，这使得新能源发电与节能环保的理念深入到居民的日常生活中来。这一系列现象说明了日本的新能源产业政策较为务实和具体，促进了新能源发电的运用和新能源市场的拓展。另外，日本政府将给予新能源厂商的补贴转变为对使用新能源产品的消费者进行的补贴，这使得新能源产品具有价格竞争优势，从而激发了新能源厂商开发新的新能源产品的内在动力。

德国将新能源发电作为本国解决能源方案的重要组成部分，也是世界范围内新能源产业的发达国家。德国较为注重对新能源技术的研发与创新，对研发创新的项目资助力度很大，并且具有长期持续性。德国修订上网电价法能够显示出德国在即便面对困难的情况下，仍然大力支持新能源技术的发展，足以看到其对新能源产业的重视。作为世界范围内最成熟的新能源市场，德国不断精心设计产业政策，以此建立长期发展机制，引导新能源产业健康发展。德国不采用退款与直接补贴来激励新能源的应用，而是把产业政策的重点置于吸引投资者与长期激励上。2009 年后，德国新实行的上网电价减少了激励政策，通过调节激励的递减率使政策与发展的市场相协调。总体来说，德国的新能源产业政策在逐渐退出政府财政激励，增加市场的调节机制。

另外，西班牙当年的财政激励政策使国内的新能源市场过热，因此在制定新能源产业政策的同时应该注意电价与政策之间的关系。此外，西班牙上网电价的实践经验表明，上网电价应该通过纳税人用电量以重新分配这些费用，而不应该由政府的财政预算支持。

6.1.2 各国新能源政策总结

通过对美国、日本、欧盟等国家或地区的新能源产业政策的分析，我们可以发现各个国家或地区的某些新能源产业政策能够促进该国家或地区的新能源产业的发展，产业政策实施的有效性较强。本节内容主要对各国先进的新能源产业政策经验进行了总结。

美国的联邦政府发布的产业政策相对较少，主要是通过州政府进行新能源产业政策的发布与实施。美国新能源产业政策的特点在于以贷款补贴与税收激励等措施去吸引市场上的风险投资者，这一点主要得益于美国发达的金融市场。此外，美国大部分州政府还制定出需要强制执行的可再生能源的组合标准，并且明确新能源发电的配额，这一系列措施有效促进了新能源制造商与公共电力公司的合作经营大型的新能源发电站。日本的一大特点在于：新能源产业的企事业单位会比政府先一步服从促进新能源产业发展的一系列措施，而后日本政府会制定出相似的产业政策。此外，日本是由中央政府制定出新能源产业政策，并通过有效的资源配置来促进新能源技术的研发、推广应用和成本降低。欧盟中德国新能源产业政策较为成功的两点在于：第一，德国政府通过低息贷款吸引新能源投资者，使大量资源集中到新能源产业，以此促进新能源产业的快速成长；第二，颁布了上网电价法。上网电价法指出成本应由用电者来承担，而不应该由纳税人来承担，该政策补贴额度始终实施得较为科学、合理。西班牙新能源市场在政府发布的新能源产业政策的推动下有了巨大的发展，但也暴露出其政策的不足之处——上网电价费用主要是政府财政预算补贴力度较大，这使得西班牙新能源市场过热。后来西班牙由于政治与经济方面的原因，调低了上网电价，导致了世界范围内新能源产业周期性的产能过剩问题。尽管西班牙应用了较为合理的上网电价政策，可补贴额度的不科学使我们注意到产业政策的设计的重要性。

通过对发达国家新能源产业政策经验的总结与整理，可以发现发达国家或地区的产业政策经验存在某些共同点：第一，支持政府采购。为了使新能源产业的投资得到保障，大多数国家均强调了强制电力公司收购新能源政策。例如西班牙与德国对新能源上网电量实施优惠固定电价进行收购；日本则是通过平常电价的2倍价格回购新能源发电设备所发出的电量的剩余部分。第二，税收优惠支持。为促进新能源产业发展，大多数国家颁布了促进新能源产业发展的众多税收优惠政策。例如，美国实施了抵税法案，该法案中强调新能源项目可以享受 30% 的税收抵免；而德国的新能源商用系统能够免除 19% 的增值税，并且强调从事新能源系统与设备领域的企业能够将投资额的 27.5%～12.5% 作为税收抵免；此外，西班牙还对新能源系统的退税率进行了详细规定。第三，资金的大力投入。为使新能源产业发展得到迅速发展，发达国家均为新能源产业提供了大力度的资金支持，并且对产品销售、项目建设、技术研发等提供补贴。例如，德国与西班牙通过对新能源上网电价给予补贴，促进产业的发展；而日本颁布了宅用新能源发电系统安装补贴制度，该制度对安装新能源发电设备的个人给予一定额度的补贴。

中国在新能源产业政策的实施与应用方面与美国的产业政策相似，这主要表现在重点发展大型的新能源发电站与示范项目，其主要原因在于政府部门能够较为容易地管控新能源制品的供应商。中国的新能源产业政策也逐渐开始关注国际与国内市场的均衡发展。

6.2　发达国家新能源产业发展经验的借鉴

通过以上对发达国家或地区新能源产业发展经验的总结与分析，我们发现，可以从这些成熟的经验中得到完善中国新能源产业发展的诸多启示。

6.2.1　加大新能源研发的投入力度

新能源产业属于资本与技术密集型产业，新能源技术对产业的发展极为重要。根据经验测算，新能源电池的转换效率提高 1%，会使新能源发电的成本下降约 7%。所以，要实现新能源发电平价上网，新能源产业的技术进步是必不可少的一个环节。对于未来有希望成为主流新能源电池技术的薄膜新能源电池技术，我国技术水平与国外先进的技术水平仍有较大差距；在新能源发电的并网逆变器方面，我国还没有实现发达国家的自主研发和商业化过程；在新能源发电的独立系统方面，我国蓄电池的技术环节仍无法与国外的发展水平相提并论。所以，在新能源产业方面技术上的追赶，需要政府部门、新能源企业与科研院所的紧密合作，也需要政府部门在新能源技术研发方面，从政策上予以更大力度的支持与扶持。

6.2.2 建立产业持续发展长效机制

以新能源发电为首要代表的新能源给传统电力部门带来了极大的挑战，如果新能源产业只依靠补贴进行发展无法解决长期问题，这便需要国家政府部门对电价的管理体制与定价机制做出相应的调整，最终实现电价的市场化。发达国家在新能源发电上网方面，大都通过国家立法与强制上网来解决新能源发电的上网问题。尽管我国目前已颁布了新能源发电的上网标杆电价，但在全面启动国内的新能源市场方面仍需要完善诸多相关的产业政策。借鉴发达国家的上网电价经验，可以通过每年下调上网电价的补贴，使国内新能源市场的发展形成自我调节机制。例如，以往的标杆上网电价未能考虑到地区光照的差别以及输送电力的成本差异，更缺乏明确的实施年限与可预见性的调节机制。这样的政策安排会导致新能源项目的收益差异，难以调动新能源企业的积极性。所以，在新能源产业的长效机制的建立方面，国家应给予更多的重视与关注。

6.2.3 发展居民应用的新能源市场

当前我国新能源产业政策大多侧重于大型的新能源项目与新能源企业的发展，普通民众与小型的新能源企业难以在政策中获得较多的实惠，这样的产业政策较发达国家支持医院、高校、政府机构等小型新能源设备的普及发展相距甚远。目前，德国对于小型屋顶的新能源项目发展做得较为出色，在30千瓦以下的小型规模的新能源屋顶项目比例已经超过500%，在这之后的项目比例继续上升。我国颁布了两项影响力较为广泛的政策：太阳能屋顶计划，该项政策限于光电建筑的一体化应用，并且补贴的装机容量较小，一般均为示范项目；金太阳工程，补贴的是新能源企业，并且建立新能源发电的示范项目。这些政策均未考虑到普通民众对于新能源系统的安装与应用。因此，目前的新能源产业政策应向发达国家的亲民产业政策学习，鼓励小企业与普通民众对于新能源系统的安装与使用，激励小型新能源设备的推广，让清洁的新能源走进民众的生活之中。

综上所述，通过对国外发达国家新能源产业经验的收集与整理，总结出其成功的实施经验，并从中得到完善我国新能源产业发展的有益启示，如加大新能源研发力度、合理调控财税政策、设立产业长效机制、推广居民应用市场等。

第7章　中国新能源产业持续发展的政策建议

为促进中国新能源产业的持续发展，在总结发达国家新能源产业成功经验的基础上，结合本国实际情况，本章提出了针对新能源产业发展与企业成长的研发、财税政策、长效发展等方面的政策建议与措施。

7.1　完善新能源产业研发方面的政策建议

为实现中国新能源产业的可持续发展，相关政策法规需要进一步完善，并形成较为完备的政策框架体系。一方面，针对国内外能源产业发展的形势变化，制定我国统筹能源产业、经济发展与环境保护的基础性法律文件，以此形成中国新能源产业发展的纲领性法律；另一方面，应该完善新能源开发与利用的保障制度，例如新能源消费的法律法规、新能源利用的法律法规以及制定可再生能源的固定价格收购制度（FIT 制度法）等；与此同时，在新能源产业不断发展的情况下，需要考虑法律法规的增补要涵盖新业态的出现。多年来新能源累计补贴持续增长，补贴产生的负担也愈发沉重，导致这一补贴政策无法持续下去。结合近年我国电力市场的现状，取消补贴政策能够倒逼新能源发电企业与产业链各端的制造商更聚焦于生产运营成本的下降，使更具有经济性的新能源项目被择优开发，促进新能源发电量与用电量的协调发展，保障新能源项目的盈利性。取消补贴政策也会进一步缓解新能源项目投产后衍生的消纳难题。在当前环境约束与碳排放约束条件下，通过传统能源发电征收碳交易税、环境税等政策能够促进多种发电的竞争，有利于电力资源配置，有利于电力行业效率的提高。

目前，中国新能源产业政策对新能源产业中的研发投入明显不足。美国与欧盟等国家的成功经验表明，在新能源产业的发展初期与中期，要发挥新能源产业研发政策的积极作用，培育相对完整、健康的新能源产业链体系，并且引导新能源企业扩大各环节的产能、有效配置资源从而提升国家竞争力。所以，可以首先考虑加大对新能源产业研发阶段的投入力度，争取能够在新能源产业的技术环节与装备制造环节取得自主知识产权，以此为新能源产业的健康发展奠定技术基础。其次，在稳定现有对研发投入的基础上，建立国家级的新能源产业技术研发中心，并加强科研院所与新能源企业的合作，承担起产业核心技术的研发。最后，还应该广泛利用国际上的科研资源，鼓励广大新能源企业与发达国家的科研机构进行技术研发合作与技术交流，并最终建立起本国的新能源人才培养体系。

7.1.1　加大新能源产业研发投入力度

加大新能源产业研发投入，政府部门首先要遵循"新能源企业是创新主体"的方针，激励大型的新能源企业加大在自主创新与技术研发方面的投入，并在政策上给予大力支持。在新能源企业的研发阶段，可以应用税收与财政政策给予技术研发的企业以优惠，以此降低企业在研发过程中的税负与劳务成本，从而加大对新能源产业研发的投入。另外，要持续加强对高校和科研机构新能源重点项目的立项资助，加强核心技术的专利布局，重点支持关键技术的攻关。针对关键技术的薄弱环节出台相应政策，鼓励相关单位加大研发投入来解决技术短板。还要鼓励中央与地方政府建好新能源产业平台，政府引导成立重点项目投资基金，助推新能源产业重点项目的建设，强化绿色金融对新能源企业的金融扶持力度。构建科技协同创新平台、支持设立企业技术中心与实验室等，助推科技成果的转化。要搭建新能源产业引才平台，落实人才政策，吸引海外优秀人才，促进专业人才开展国际化交流，构建新能源产业技术人才培养体系。

新能源产业是资本密集型与技术密集型产业，在企业技术研发的过程中需要大量科学设备与厂房、实验室等硬件设施，另外还需要购买专利技术等无形资产，在这些过程中难免会产生很多税负，为新能源企业的研发带来不小的阻力。所以，通过有效的政策设置来降低新能源企业的研发成本，最终达到促进新能源企业对研发投入力度的加大。首先在新能源企业研发的税收支持政策方面：第一，要在新能源企业研发初期建立税收激励的政策。例如，可以考虑按照新能源企业收入的部分比例来提取研发风险的准备金，并且在税前予以扣除；新能源企业所应用的科研高端仪器与设备可以实施加速折旧，激励民间的投资应用与新能源产业的创新活动。第二，运用税收优惠政策来减轻企业资金的运转压力。在新能源产业中，企业占用大量资金的情况较多，且生产周期长、资金回笼较慢。所以，可考虑实施延期进行缴纳税款的办法来解决因客观因素无法支付企业税款的问题，如延长 2 ~ 3 年时间进行缴税来减轻新能源企业的资金压力；与此同时，可将再投资的退税政策扩大至整个新能源企业；另外，新能源企业如果追加研发的投资能够享受到再投资的退税政策，也就是说，再投资资金的一半的企业所得税将会被退还给投资者。第三，实施增值税退税政策。如果对新能源产业与大型新能源企业研发阶段采购的设备的进项税实施退税政策，以此减轻新能源企业垫付资金负担。第四，对科研人员的税收实施优惠政策，例如对个人的转让技术产品实施免税等政策。

7.1.2　建立国家新能源技术研究中心

依据新能源产业的发展规律，在新能源产业完全市场化前，政府部门需要大力促进科技创新，注重新能源技术的进步，促进发电成本下降，从而使新能源发电在经济性上具备竞争力。根据日本的成功经验，可以组建国家级别的新能源技术开发机构，使我国能够组织全国性的合作开发，激励新能源企业加入进来，促进技术创新，提高我国的自主创新能力。在政策与技术方面，为中国新能源产业的发展提供合理的建议。这可以由政府部门的财政出资，建立我国新能源技术研究平台，依据我国目前新能源产业的发展现状，从事大量科研任务。例如进行新型新能源电池研究，工程技术与系统部件研究，新能源电池检测标准、检测技术研究等。这能够为国家新能源产业的发展提供有力的技术支持。

此外，要着重加强新能源基础研究与体系建设。我国新能源产业的发展已到了从政策扶持转向创新驱动的关键时期，在这个关键时期内必须依靠技术创新来解决产业发展的"卡脖子"问题。技术创新也必然要求我们将产业基础科学研究与应用基础研究工作做得更为扎实，在此基础上孕育我国自主知识产权的核心技术。我国尤其要聚焦高比例新能源为主的新一代能源系统，以固体电池与能源物联网等重大科技任务攻关为主线，开展基础研究和与前沿技术研发。并且要面向新能源产业技术升级需求，夯实基础零部件、基础软件和基础工艺，布局新能源相关的创新基础设施，着力推进产业基础高级化。

7.1.3　建立新能源产业人才培养体系

目前，由于新能源产业在国内仍是战略性新兴产业，发展历程不长，这导致国内新能源产业的高端人才严重缺乏。所以，完善新能源产业的人才培养体系已经变得尤为重要，这可以通过政府部门的财政支持来培养不同层次的新能源人才。在培养人才的过程中，要重视技术研究与理论基础方面人才的培育，加强强化新能源发电研发人才的培育；与此同时，还要完善新能源产业中的培训体系，设立不同层次的新能源产品、新能源产品应用与新能源技术方面的培训机构，不断提升新能源从业者的职业素质；强化大专院校已经设立的新能源发电的相关专业与研究所，加强对人才培养的支持力度。此外，我国还应该加大对外交流的活动，公派优秀的科研人员到发达国家学习，不断提高学员的科研技术水平。对高级的新能源科研人员要实行公司股权激励与税后薪金制。

7.2　完善新能源产业长效发展的政策建议

根据当前国际形势，欧美等国可能会对我国新能源产品实施新的反补贴税，使我国面临新能源产品出口受阻的困境。针对以上问题，我国应更加充分地开拓新能源市场，以需求为导向，逐步取消补贴，继续推动整个行业的可持续发展。

7.2.1　实施电价回报长效机制

实施电价的回报机制是引领中国新能源产业发展的内生性动力，这需要国内的新能源电站通过并网的形式来出售电力，并且形成新能源产业的投资回报渠道。但是，由于新能源发电是不可预测和间歇性的，这使得新能源发电的并网会对传统电网产生冲击，电网集团从自身的利益出发也不愿接受新能源发电带来的挑战。所以，在建立电价回报机制时，在利润的分配过程中应提高电网企业的利润，从而带动其并网购电的积极性。与此同时，政府部门应该将电网的建设提升为国家工程，不但要加速电网的建设和提高输电的能力，而且还要强化电源规划，使其与电网的建设相协调。另外，对得益的电网企业实施配额制，强制电网公司要购买一定量的新能源发电，并以此来推动国内新能源市场的发展与应用。

新能源的发电配额制度，是指依靠法律来明确新能源的发电上网比例，以此来确保新能源的发电上网能够在产业的发展初期具有部分市场份额。伴随近年来的发展，新能源发电的价格已经有了较大幅度的降低，但相比较于传统能源的发电价格依然不具备优势。加入对新能源的发电上网采取市场化的制度，现阶段的新能源发电必然无法与传统能源发电抗衡，从而失去市场份额，导致产业发展受到阻碍。所以，根据其他发达国家的成功经验，在实施新能源发电的配额制度时，应该为其配套绿色信用证制度和惩罚措施。惩罚措施是要明确规定没能够完成新能源发电配额的部门要承担某种数额的赔偿，以此推进新能源发电配额制度的实施。

　　根据发达国家的成功经验与教训，新能源发电的上网电价补贴可以有效促进国内新能源市场的发展，并且成功的新能源发电上网电价补贴制度应该建立新能源发电的上网电价伴随发电成本的变化而变化，根据实际情况不定时地调整新能源上网电价。各地方政府部门能够依据当地的经济发展水平和地区资源制定符合自身利益的激励性政策。目前，在全国范围内可以先在地方实施试点项目，通过试点项目的积累为后续政策的制定提供依据。此外，由于新技术前沿的新能源发电的成本依然较高，为补贴此类成本可以尝试建立基本的市场竞标与基本补贴相结合的模式，通过市场供求关系调节补贴的成本，达到调动市场积极性的同时能够有效控制成本。

7.2.2　强化产业相关技术融合

　　中国新能源产业核心技术的研发问题需要得到行业的关注与重视，并积极推广产学研各界合作，以丰富的资金投入作为支撑，实现中国新能源产业核心技术的自主研发与突破。首先，要加强技术主体之间的交流与合作，构建起新能源的产学研合作；其次，通过引导与奖励性政策鼓励各类科研主体的技术研发与创新实验，加速新能源技术的转化，从技术的需求和供给端推动新能源核心技术的开发与利用，真正激发技术市场的活力；最后，加大对新能源核心技术的科研攻坚，完善科研人员的激励机制，推动新能源产业关键技术的自主突破。

　　此外，要加强新能源产业与相关技术应用的结合，这有助于产业的跨越式发展。例如，近些年来储能技术的出现能够有效规避新能源电力接入电网时面临的间歇性问题；将新能源发电技术与储能技术相结合，能够使新能源与储能融合为独立的联合系统，从而加强电力系统的灵活性，减少波动，使输出可控。大力推广相关技术与新能源发电的结合，有助于未来新能源发电的广泛应用。

7.2.3　妥善解决并网消纳问题

　　针对目前中国新能源产业存在的并网难题，政府部门可采取措施支持"弃风弃光"严重的"三北"地区实行冬季清洁采暖计划，以此来促进新能源消纳，并进一步杜绝新能源电力的遗弃浪费。政府部门还可通过特高压电网的开发与建设，实现新能源电力富余地区的外输外送，将多余新能源电力输送至东部沿海等电力需求较高的地区，实现新能源电力生产与消费的平衡，从根源上遏制"弃风弃电"的产生。

伴随全世界范围内新能源的快速发展，很多国家新能源电力消纳机制的探索与建立均得益于新能源配额制的应用。依据国外实践经验，实施新能源配额制能够通过市场化的手段，鼓励发电企业以最低的成本开发新能源，并将附加成本传导到消费端。结合我国实际，可以依托中国电力市场的改革，将新能源的扶持政策由上网电价政策转向配额制。实施配额制能够增强新能源在传统能源中的竞争力，有效缓解地方"弃风弃光"现象的产生。对比以往的上网电价，配额制可以更直接地鼓励发电企业开发新能源，电网企业配合保障性收购，地方政府妥善解决新能源电力消纳的问题。

此外，要加快构建新型电力系统要协调优化"源—网—荷—储"各类资源，促进电力系统逐步转换为以新能源为主体的电力系统，并着力增强新型电力系统的灵活性和安全性。新型电力系统中，跨省区输电是解决新能源消纳、加强区域资源互济的重要渠道，有助于消纳送端省份富余电力，并减少受端省份传统能源的消耗。因此要着力打破国内跨省区的输电壁垒，推动新增直流外送通道立项的建设，以稳定安全、可靠的特高压输变电线路作为载体，建立起新能源供给的消纳体系。另外，探索新能源参与市场交易，并鼓励分布式新能源发电进行市场化交易，有效促进新能源电力的消纳。要持续完善新能源消费政策机制和市场机制，加快制定与新能源发展相关的国家标准，出台促进新能源消费的价格引导和鼓励政策，打破区域保护，从需求侧促进新能源电力的消纳。另外，在实现高比例新能源电力运维的前提下，我国要进一步加快电气化进程，提升终端能源电气化水平是高比例新能源消纳的关键。未来我国工业、建筑、交通等终端用能部门，可以在新能源电力市场化改革的作用下，陆续实现新能源电力对传统化石能源的替代，从而实现将自主供应的新能源作为我国能源的供应主体，实现我国能源安全目标。

7.3 完善新能源产业链供应链的政策建议

在稀有金属保障方面：首先，要加强国内稀有金属资源的开发与利用。对于强化新能源稀有金属供应的保障工作，应加强国内相关金属矿产资源的勘探与开发。利用我国在稀土资源和金属加工领域的相对优势，提升我国在国际稀有金属资源市场的议价能力，保障新能源稀有金属的稳定供应。其次，要拓展稀有金属海外投资与进口渠道。我国可通过拓展稀有金属进口的渠道与增加海外投资的方式来维护海外稀有金属资源的稳定供应，并着手建立原材料供应基地，保障新能源产业链稀有金属供应端的自给率。最后，要构建稀有金属供应与战略储备体系。我国要建立安全、持续的稀有金属供应体系与关键资源战略储备体系，并着力发展循环经济。鼓励政府和企业开展稀有金属供应风险评估与供应模拟平台的建设，评估疫情、战争与国际争端等外部环境的变化对国内稀有金属供应稳定性的影响，分析对外贸易中断的可能性，量化战略储备对象与需求，提供特殊时期的应对策略。此外，我国要进一步鼓励废金属回收利用，提高稀有金属资源的国内回收能力。通过废金属回收的过程，我们能够从国内近千万吨笔记本电脑、智能手机和众多电子设备中回收稀有金属。另外，对应用于智能设备的系统也可进行回收，并将其应用到风力涡轮机等其他新能源设备上。

新能源产业虽然是我国的优势领域，但产业链条中的部分关键环节仍然依赖海外技术或核心零部件。为达成新能源开发与利用的自给自足，我国要把完善、健全国内新能源产业供应链作为战略性目标加以实现。尤其是在关系新能源产业供应链安全的关键节点方面，要构建起自主可控的国内生产供应体系，争取达到重要产品与供应渠道都有替代来源，形成整个产业的备份系统。同时，在国际国内市场迅速变化、全球供应链发生意外事件的情况下，我国新能源企业能够正常运转，在特殊时期做到自我循环。另外要拉紧新能源国际产业链对我国的依存关系，以此形成对外应对长臂管辖与人为断供的有力反制。未来国内外新能源市场的需求增加与相关技术的迭代都将加快，我国新能源产业要坚持市场导向与技术创新驱动相结合，进一步明确技术产业发展路线图与对应的时间节点，在利用海外资源基础上，促进国内产业链上下游产业加速发展。具体来说，在陆上风电、光伏与动力电池领域要继续引领市场，在海上风电与燃料电池技术领域要力争达到世界先进水平。因此，我们要不断壮大新能源产业链，实现关键技术装备自主可控，强化产业基础能力建设，推动相关制造业的优化升级，增强新能源产业链供应链现代化水平，力争在"十四五"时期，使光伏、风电和锂电池等主要新能源行业解决掉"卡脖子"问题，基本实现安全可靠的，并具有全球竞争力的新能源产业链与供应链。

7.4　完善新能源产业政策的其他相关措施

7.4.1　设立新能源市场的准则

在建立新能源市场的准入准则方面，中央政府部门要协调各个地方政府，加大监管，制止各地方政府的盲目建设，要因地制宜促进新能源产业的协调发展。在现阶段，中国新能源产业较为重要的是要进行研发投资与技术创新，通过实施兼并收购对新能源产业进行调整与重组，使新能源产业的各个环节能够协调发展，不再造成产业低水平制品的重复建设，以此提升中国新能源企业的国际竞争力。另外，政府部门在提高市场准入门槛时，应该以环境标准、技术水平和研发能力等指标来强化对新能源产业发展的引导，而不应该通过行政干预或者财政补贴的形式进行。就市场准入而言，地方政府与中央政府对新能源项目的审批应保持一致，政府部门对新能源产业实施社会性质的规制，以此减少资源浪费并促进市场的有效竞争，提升资源的配置效率。所以，新能源市场准入准则的提高有助于中国新能源产业的健康发展，有助于维护国内新能源市场中优秀企业的市场地位。

7.4.2　设立新能源产品的标准体系

在设立中国新能源产品的标志体系方面，我国应设立严格的新能源产品质量保证体系与检测体系，并且积极完善新能源产业的配套标准体系。在此基础上，得到国际范围内的认可，从而能够提高中国新能源产品的检测水平与检测能力，确立并且维护我国在检测方面的国际权威性。就中国新能源产品的标准体系建设方面而言，应以中国的自主知识产权作为基础，依照市场的需求与企业技术水平来建设并逐渐完善新能源产业的标准体系，规范新能源产业的健康发展。与此同时，加快制定新能源系统、新能源电池产品与多晶硅电池等方面的相关标准，促进新能源产品认证检测的制度，实施新能源产业的标准化与规范化发展，并且完善新能源产品质量标准，严格控制新能源产品的质量，强化新能源产业的管理。健全且完善的标准体系是促进中国新能源产业、技术与市场全面发展的重要保障，能够使中国成为未来世界上最大的新能源产品生产基地与新能源应用的强大市场。

7.4.3　推广新能源设备的居民应用

从国外发达国家的成功经验来看，鼓励本国居民应用新能源发电设备会有效促进该国新能源市场的发展。同样，我国也可以鼓励居民应用新能源设备到企事业单位或者住宅，并且按照成本价格的合理比例予以补贴。但是我国各地经济发展水平、资源禀赋与人口的差异较大，在政策的实施方面较为困难，所以在实施过程中也应该通过设立试点城市的方法，先由政府主导，鼓励居民安装与应用。

在鼓励过程中，政府部门的示范作用较为重要。例如日本从居民小时候便开始受到节能环保意识的熏陶，并在公共场所安装新能源系统，环保的概念深入广大居民的生活当中，这也使更多的居民开始倾向于应用新能源系统。中国的政府部门应扩大对新能源制品的采购范围，例如政府办公楼与公共设施可以应用新能源技术，在公共场所安装新能源设施，比如新能源照明灯等。这样的政府示范作用能够提高公众对于新能源产品应用的意识，并使公众形成支持环保与绿色能源的自觉性，从而有助于新能源制品在民间的应用与发展。

综上所述，在结合国外发达国家新能源产业发展成功经验的基础上，本节针对中国新能源产业发展提出了若干的完善建议与措施，例如强调加大研发投入力度、完善市场长效发展等方面的政策等。

第8章 结论与展望

随着早年新能源产业的迅猛发展,其在国民经济中的比重越来越大,也逐渐成为国家新的经济增长着力点。然而,新能源的替代将是一个长期的过程,就目前来看,新能源的科技进步以及应用成本的下降也将是一个长期的过程。在这个长期过程中,新能源企业的成长对于产业持续发展起到了至关重要的作用。

8.1 结 论

本书主要针对新能源产业发展与企业成长等内容进行了详细的阐述与分析,得出以下主要结论:

首先,在收集国内外新能源产业发展的材料过程中,总结出了新能源产业发展所具有的自身特征与存在的问题,并结合现有理论研究成果,以企业内部因素与外部因素相统一的视角,探讨新能源产业发展过程中的企业成长,期望通过企业成长与产业发展来解决相关难题。其次,以新能源产业可持续发展为目标,以新能源企业为研究载体,以碳中和目标为约束条件,总结和探索新能源企业成长规律,分析了其成长的作用机理与模型,这有助于新能源企业将有限的资源配置到关键的领域,对新能源产业的可持续发展具有重要的现实意义。再次,本书在对比国内外对于新能源企业诸多的实证研究成果上,采用科学的方法对影响新能源企业成长的影响因素进行实证分析,通过面板数据检验了新能源企业成长影响因素的作用。最后,在借鉴国内外对于新能源企业研究的诸多理论成果上,本书采用科学的方法尝试对影响新能源企业成长的影响因素进行实证分析,通过面板数据检验了新能源企业成长核心要素的作用,产业政策、技术创新、投资规模、企业资源、企业家能力这五方面因素,均对新能源企业的成长起到了显著的促进作用。并且,为了进一步研究新能源产业政策如何促进新能源企业成长,特对影响新能源企业成长的因素进行了传导路径分析。实证检验着重从企业资源、技术创新和投资规模三个方面来进行讨论，其实证结果为：产业政策通过人力资源对新能源企业成长呈显著的正向影响，而产业政策通过技术创新和投资规模对新能源企业成长呈现出不显著的正向影响。可见，产业政策在制定与实施过程中需要进一步优化，从而更有效地促进新能源企业的成长，助推产业持续发展，助力中国实现碳中和目标。

8.2　展　　望

目前，由于中国新能源企业方面的相关数据的获取并不全面，这使得在对该领域问题的研究上难以更多地通过实证研究方法予以阐述和说明，这是本书写作过程中的遗憾和不足之处。此外，由于经济与社会现象的复杂多变，且存在企业经营过程中的不确定性，致使本书在写作过程中难免会出现某些事件在某一时间点前后所出现的偏差与纰漏，这一点还希望广大读者予以批评指正，从而使本书内容更加规范、更加完善。最后，笔者希望在未来该领域的研究上能够更加深入，在碳达峰碳中和的大背景下，从中国新能源产业的个体到局部，从局部再到整体，能够以点带面地分析中国新能源产业发展或企业成长的问题，为中国顺利实现 2060 年碳中和目标贡献力量。

参 考 文 献

[1] 白雪冬. 能源革命背景下中国核电发展政策研究 [D]. 北京：华北电力大学，2019.

[2] 白雪洁. 产业成长阶段的产业组织政策有效性分析——以日本代表性产业组织政策为例 [J]. 社会科学辑刊，2008（4）：87-90.

[3] 白雪洁，孟辉. 新兴产业、政策支持与激励约束缺失——以新能源汽车产业为例 [J]. 经济学家，2018（1）：54-61.

[4] 白玉坤. 政府补助对新能源行业上市公司扶持效率研究 [D]. 北京：财政科学研究所，2012.

[5] 布坎南. 自由、市场与国家（中文版）[M]. 上海：上海三联书店，1989.

[6] 布雷塞尔斯·H. A. 政策网络中的政策工具选择 [A]. 詹姆斯·P. 莱斯特，小约瑟夫·斯图尔特. 公共政策导论 [C]. 北京：中国人民大学出版社，2004.

[7] 蔡林海. 低碳经济——绿色革命与全球创新竞争大格局 [M]. 北京：经济科学出版社，2009.

[8] 曹建海. 国家干预的经济学理由及其与竞争力的关系 [J]. 河北经贸大学学报，2004（3）：7.

[9] 曹楠楠，牛晓耕，胡筱沿. 金融支持新能源产业集聚发展的实证研究 [J]. 当代经济管理，2021（3）：58-64.

[10] 查默斯·约翰逊. 产业政策争论 [M]. 美国当代经济研究所，1984.

[11] 陈波. 论产业政策的传导机制 [J]. 经济评论，2001（1）：76.

[12] 陈洪涛. 新兴产业发展中政府作用机制研究 [D]. 杭州：浙江大学，2009.

[13] 陈晖. 世界新能源与节能能源产业发展概况 [J]. 上海电力，2007（5）：31-38.

[14] 陈瑾玫. 中国产业政策效应研究 [D]. 沈阳：辽宁大学，2007.

[15] 陈同扬，赵顺龙. 企业能力理论的演进与辨析 [J]. 学海，2004（3）：

155 - 156.

[16] 陈伟. 日本新能源产业发展及其与中国的比较 [J]. 中国人口·资源与环境, 2010 (6): 71 - 77.

[17] 陈振明. 政策科学——公共政策分析导论 [M]. 北京: 中国人民大学出版社, 2003.

[18] 程春华. 欧盟新能源政策与能源安全 [J]. 中国社会科学院研究生院学报, 2009 (1): 41 - 45.

[19] 程永明, 平力群. 日本的产业技术扶持政策与实施手段 [J]. 外国问题研究, 2010 (2): 72 - 77.

[20] 崔民选. 中国能源发展报告 2010 [M]. 北京: 社会科学文献出版社, 2010.

[21] 达拉斯. 低碳经济的 24 堂课 [M]. 北京: 电子工业出版社, 2010.

[22] 达莫达尔·古亚拉蒂. 林少宫, 译. 计量经济学 (3 版) [M]. 北京: 中国人民大学出版社, 2000: 78 - 96.

[23] 戴浩. 政府补助对科技中小型企业成长的影响机理 [J]. 科技进步与对策, 2018, 23 (2): 16 - 20.

[24] 丹尼尔·F. 史普博. 管制与市场 [M]. 余晖, 等译. 上海: 上海三联书店, 上海人民出版社, 1999: 147 - 165.

[25] 丹尼斯·W. 卡尔顿, 杰弗里·M. 佩罗夫. 现代产业组织 [M]. 北京: 中国人民大学出版社, 2009: 367 - 398.

[26] 丁宇. 创新型企业文化对企业成长的影响——基于 3 家创新领先企业案例的研究 [J]. 科技导报, 2020, 38 (15): 44 - 51.

[27] 丁芸. 促进新能源产业发展的财税政策选择 [J]. 税务研究, 2016 (6): 65 - 73.

[28] 杜立民, 史晋川. 电力市场中市场力的监测: 一个综述 [J]. 浙江大学学报 (人文社会科学版), 2007 (7): 153 - 161.

[29] 冯飞等. 新能源产业的发展思路和政策建议 [J]. 发展研究, 2009 (12): 78 - 88.

[30] 龚丽敏, 江诗松. 产业集群龙头企业的成长演化: 商业模式视角 [J]. 科研管理, 2012, 33 (7): 137 - 145.

[31] 龚丽敏, 江诗松, 魏江. 试论商业模式构念的本质、研究方法及未来研究方向 [J]. 外国经济与管理, 2011, 33 (3): 1 - 8.

［32］顾乃康．现代企业理论新发展：企业知识理论［J］．经济学动态，1997（11）：55－58.

［33］郭强，尹寿兵，刘云霞，鄢方卫，江海林．初始资源、社会资本对旅游小企业成长的影响研究——以宏村为例［J］．旅游学刊，2019，34（12）：43－49.

［34］郭文娟．新能源研发态势及对我国能源战略的影响［D］．青岛：中国海洋大学，2010.

［35］国家统计局统计司，国际能源局综合司．中国能源统计年鉴2008［M］．北京：中国统计出版社，2008.

［36］韩小威．经济全球化背景下中国产业政策有效性问题研究［D］．长春：吉林大学，2006.

［37］洪银兴．从比较优势到竞争优势——兼论国际贸易的比较利益理论的缺陷［J］．经济研究，1997（6）：20－26.

［38］胡楠．中国制造业到底如何定位——兼与刘福垣《中国在世界制造业的定位》等文商榷［J］．战略与管理，2004（1）.

［39］胡婷．比较优势理论文献评述——中国经济发展战略选择［J］．现代经济，2008（7）：1－3.

［40］黄邦东．科技型中小企业成长影响因素实证研究［J］．商场现代化，2018（5）：10－17.

［41］黄栋，杨子杰，王文倩．新发展格局下新能源产业发展历程、内生逻辑与展望［J］．新疆师范大学学报（哲学社会科学版），2021（6）：121－126.

［42］黄光球，徐聪．低碳视角下新能源产业发展影响因素及其动态仿真分析［J］．重庆理工大学学报，2020（12）：32－41.

［43］黄金萍．山寨本为何长不大［EB/OL］．www.infzm.com/content/37916.

［44］黄培伦等．企业能力：静态能力与动态能力理论界定及关系辨析［J］．科学学与科学技术管理，2008（7）：166.

［45］黄永娴．新能源企业可持续增长研究［J］．经济研究导刊，2014（22）：1－13.

［46］霍华德，格尔勒．能源革命——通向可持续未来的政策［M］．北京：中国环境科学出版社，2006.

［47］吉小娴．基于突变级数法的我国中小企业成长性研究［J］．武汉理工大学学报，2018（5）：17－23.

［48］江诗松，龚丽敏，魏江．转型经济背景下后发企业的能力追赶［J］.

管理世界，2011（4）：122 – 137.

［49］江诗松，龚丽敏，魏江．转型经济背景下后发企业的能力追赶——以吉利集团为例［J］．管理世界，2011（4）：122 – 137.

［50］江诗松，龚丽敏，魏江．转型经济中后发企业创新能力的追赶路径：国有企业和民营企业的双城故事［J］．管理世界，2011（12）：96 – 115.

［51］江小涓．经济转轨时期的产业政策［M］．上海：上海人民出版社，1996.

［52］金碚．中国工业国际竞争力——理论、方法与实证研究［M］．北京：经济管理出版社，1997.

［53］靳晓明．中国新能源发展报告［M］．武汉：华中科技大学出版社，2011（7）.

［54］克鲁普，霍恩．决战新能源［M］．北京：东方出版社，2009.

［55］李河君，曾少军．2009中国新能源产业年度报告［R］．北京：中华全国工商业联合会新能源商会，2009.

［56］李红伟．企业成长理论与中国民营企业成长问题研究综述［J］．当代社科视野，2010（7）：50 – 54.

［57］李丫丫．战略性新兴产业发展机制研究——基于全球生物芯片产业融合发展的实证分析［D］．武汉：武汉理工大学，2015.

［58］李玉刚，吴朋，叶凯月，方修园．制度情境差异对企业成长的影响研究热点与趋势［J］．科技进步与对策，2020，37（19）：18 – 25.

［59］刘洪民，刘炜炜．战略性新兴产业政策培育及政策窗口的触发机制研究［J］．科技促进发展，2019，15（9）：93 – 99.

［60］刘建中．浅析中国新能源产业的发展现状及传统能源行业的战略选择［J］．中国煤炭，2010（1）：21 – 25.

［61］刘卫东．锁定新能源产业的美国布局：新能源利用全面铺开［J］．瞭望，2010（9）：31 – 38.

［62］吕静韦．战略性新兴产业发展动力机制及创新模式研究［D］．天津：河北工业大学，2017.

［63］吕指臣．我国主要农作物生物质能开发潜力与策略研究［D］．重庆：重庆理工大学，2015.

［64］罗利华，高小惠．知识资本视域下瞪羚企业成长力评价与影响因素研究［J］．科技管理研究，2021，41（12）：27 – 35.

[65] 马克·格兰诺维特. 社会网与经济行动 [M]. 北京：社会科学文献出版社，2007.

[66]［美］迈克尔·波特（Michael E. Porter）. 李明轩，邱如美，译. 国家竞争优势 [M]. 北京：华夏出版社，2002.

[67] 穆献中，等. 新能源和可再生能源发展与产业化研究 [M]. 北京：石油工业出版社，2009.

[68] 钱伯章. 新能源——后石油时代的必然选择 [M]. 北京：化学工业出版社，2007.

[69] 任东明. 新政拯救新能源 [J]. 能源评论，2010（18）：73 - 78.

[70] 任东明. 中国新能源产业的发展和制度创新 [J]. 中外能源，2011（1）：21 - 27.

[71] 史丹. 发达国家新能源产业发展的新态势 [J]. 江南论坛，2010（5）：51 - 56.

[72] 宋双勇. 我国新能源经济发展过程中的制度创新问题研究 [D]. 长春：吉林大学，2010.

[73] 孙永祥. 奥巴马的能源政策构想 [J]. 中国石化，2009（1）：61 - 66.

[74] 田虹. 企业家精神与中小企业成长的影响机制研究 [J]. 南通大学学报，2017（6）：30 - 44.

[75] 汪亚运. 能源约束背景下中国生物质能行业发展潜力及激励政策研究 [D]. 北京：北京化工大学，2015.

[76] 王冬梅. 中国风电产业发展中的问题及对策分析 [J]. 中国科技论坛，2009（2）：81 - 89.

[77] 王娟. 新能源产业发展的价格支持策略及完善对策探讨 [J]. 价格月刊，2017（5）：54 - 61.

[78] 王利政. 我国战略性新兴产业发展模式分析 [J]. 中国科技论坛，2011（1）：13 - 21.

[79] 王梦溪. 企业成长与盈利能力的动态相互作用研究 [J]. 中国管理信息化，2018（2）：40 - 47.

[80] 王书平，闫晓峰. 主要发达国家新能源政策及其对中国的启示 [C]. 第四届中国能源战略国际论坛文集，2010.

[81] 王田田. 我国氢能开发与利用法律制度研究 [D]. 济南：山东师范大学，2019.

［82］王勇，程源，雷家骅. IT 企业技术创新能力与企业成长的相关性实证研究 ［J］. 科学学研究，2010，28（2）：316 – 320.

［83］王玉娥. 科技型中小企业政策对企业成长的影响研究 ［D］. 天津：河北工业大学，2014.

［84］王仲颖. 中国可再生能源产业发展报告 2009 ［M］. 北京：化学工业出版社，2010.

［85］吴锦明. 新能源产业发展需要哪些 "政策红利" ［J］. 人民论坛，2019（8）：66 – 67.

［86］武亚军. 中国本土新兴企业的战略双重性：基于华为、联想和海尔实践的理论探索 ［J］. 管理世界，2009（12）：120 – 136.

［87］新华社. 共同构建人与自然生命共同体——在 "领导人气候峰会" 上的讲话 ［EB/OL］.（2021 – 04 – 22）［2021 – 04 – 22］. http：//www. gov. cn/xin-wen/2021 – 04/22/content_5601526. htm.

［88］新华社. 习近平在气候雄心峰会上发表重要讲话 ［EB/OL］.（2020 – 12 – 13）［2021 – 04 – 22］. http：//www. gov. cn/xinwen/2020 – 12/13/content_5569136. htm.

［89］习近平在第七十五届联合国大会一般性辩论上发表重要讲话 ［EB/OL］.（2020 – 09 – 20）［2021 – 04 – 22］. http：//www. gov. cn/xinwen/2020 – 09/22/content_5546168. htm.

［90］新华社. 习近平主持召开中央财经委员会第九次会议 ［EB/OL］.（2021 – 03 – 15）［2021 – 04 – 22］. http：//www. gov. cn/xinwen/2021 – 03/15/content_5593154. htm.

［91］杨利锋. 产业创新系统与我国风电产业发展：理论、方法与政策 ［D］. 合肥：中国科学技术大学，2013.

［92］杨倩倩，李忠利. 基于因子分析法的新能源上市公司业绩评价 ［J］. 技术与创新管理，2014（2）：124 – 127.

［93］袁潮清，朱玉欣. 基于动态热点的中国光伏产业政策演化研究 ［J］. 科技管理研究，2020，40（14）：32 – 37.

［94］袁见，安玉兴. 产业政策对中国新能源企业成长影响的实证研究 ［J］. 学习与探索，2019（6）：151 – 155.

［95］袁见，安玉兴. 中国新能源产业何以实现可持续发展 ［J］. 人民论坛，2020（6）：174 – 175.

［96］袁见. 中国太阳能光伏产业政策效应研究［D］. 沈阳：辽宁大学，2016.

［97］袁见. 中国新能源发展之路——基于产业发展现状的探讨［J］. 人民论坛，2013（11）：58-60.

［98］约翰·斯科特. 刘军. 社会网络分析法［M］重庆：重庆大学出版社，2007：176.

［99］张丹玲. 中国可再生能源发展的政策激励机制研究［D］. 西安：西北大学，2008.

［100］张德胜. 国家能源集团新能源业务发展战略研究［D］. 长春：吉林大学，2020.

［101］张建平. 低碳经济发展与国内外新能源产业发展态势［J］. 电气时代，2010（9）：54-59.

［102］张牧霞，成思危. 新能源将引领第四次产业革命［J］. 上海证券报，2009（10）：31-38.

［103］赵剑锋，李欣. 新能源产业发展要处理好若干关系［J］. 工业技术经济，2010（11）：101-108.

［104］赵晶，关鑫，全允桓. 面向低收入群体的商业模式创新［J］. 中国工业经济，2007（10）：5-11.

［105］郑诗情，胡玉敏. 中国新能源产业与金融发展关系的实证研究［J］. 山西财经大学学报，2018，40（2）：43-49.

［106］中国可再生能源协会. 中国可再生能源政策框架［R］. 北京：中国可再生能源协会，2007.

［107］中国能源发展报告委员会. 中国能源发展报告［R］. 北京：中国计量出版社，1997-2005.

［108］朱锡平，陈英，等. 论我国新能源开发建设过程中的投融资体制改革［J］. 财经政法资讯，2010（1）：111-118.

［109］朱志刚. 加快迈向新能源时代［M］. 北京：中国环境科学出版社，2008.

［110］A DEMIRBAS. Global renewable energy resources［J］. *Energy Sources*，2006（8）：779-792.

［111］ALBERT PUNTI. Energy accounting：some new proposal［J］. *Human Ecology*，1988（1）：79-86.

［112］B. Axelsson G. Easton. industrial networks：A new of reality［C］. London

Routledge, 1999: 129 – 143.

[113] Beason R. , Weinstein D. E. Growth, economics of scale and targeting in Japan [J]. *Review of Economics and Statistics*, 1996, 78: 286 – 288.

[114] Candelise C. , Gross R. , Leach M. A. Conditions for photovoltaics deployment in the UK, the role of policy and technical developments [J]. *Power & Energy*, 2010, 224 (2): 153 – 166.

[115] Cater C F. *Science in Industry Policy for Progress* [M]. New York: Oxford University Press, 1959.

[116] Charnes A. , Coope W. W. Programming with linear fractional functional [J]. *Naval Reasearch Logistics Quarterly*, 1962 (9): 181 – 185.

[117] Christine Oughton. Competitiveness policy in the 1990s [J]. *The Economic Journal*, 1997, 107 (444): 1486 – 1503.

[118] Christopher Flavin. Low – carbon energy: a roadmap [J]. *Worldwatch Report*, 2008.

[119] Dasgupta P. , Stoneman P. *Economic policy and technological performance* [M]. Cambridge: Cambridge University Press, 1987.

[120] Debreu G. The coefficient of resource utilization [J]. *Econometrica*, 1951, 19, 273 – 292.

[121] Dieter Holm, Jennifer Mcintosh. Renewable energy – the future for the developing world [J]. *Renewable Energy Focus*, 2008 (1): 56 – 61.

[122] Dincer, Ibrahim. Renewable energy and sustainable development: A crucial review [J]. *Renewable and Sustainable Energy Reviews*, 2000 (2): 157 – 1752.

[123] Ding Lu. Industrial policy and resource allocation: implications on China's participation in globalization [J]. *China Economic Review*, 2000, 11: 342 – 360.

[124] Dusonchet Luigi, Telaretti Enrico. Economic analysis of different supporting policies for the production of electrical energy by solar photovoltaics in eastern uropean union countries [J]. *Energy Policy*, 2010, 38 (8): 4011 – 4020.

[125] Elmore Richard F. Organizational models of social program implementation [J]. *Public Policy*, 1978, 26 (2): 185 – 228.

[126] Emiliano Perezagua. A vison for photovoltaic technology [R]. Photovoltaic Technology Research Advisory Council, European Commission, 2005.

[127] Enzensberger Projects A. N. , Wietschel M. Policy instruments fostering

wind energy multi-perspective evaluation approach ［J］. *Energy Policy*, 2002, 30 (9): 793 – 801.

［128］ EPIA. Global market outlook for photovoltaics until 2014 ［EB/OL］. https: // wenku. baidu. com/view. html, 2010 – 11 – 08.

［129］ Erlc Miller. Renewables and the smart grid ［J］. *Renewable Energy Focus*, 2009 (2): 67 – 69.

［130］ F. K. Holweg. Evolving from value chain to value grid ［J］. *MIT Sloan Management Review*, 2006, 47 (4): 72 – 80.

［131］ Flower Gail. US reaches third place solar PV installation, healthy growth-predicted for overall market ［J］. *Electronic News*, 2009 (55): 5 – 21.

［132］ Global market outlook for photovoltatic until 2014 ［R］. EPIA, 2010.

［133］ Grossman, Hart. The costs and benefits of ownerships a theory of vertical and lateral in tegration ［J］. *Journal of Political Economicy*, 1986 (94): 174 – 181.

［134］ Hamel G. *The Concept of Core Competence* ［M］. International Journal of Industrial Organization, 2002.

［135］ Harrison J. S. , Hall E. H. , Nargundkar R. Reasource allocation as out-cropping of Strategic consistency: performance implication ［J］. *Academy of Manage – ment Journal*, 1993 (36): 1026 – 1051.

［136］ Hoult Toney, Jack. Fiber Lasers in photovoltaic industry ［J］. *Industrial Laser Solutions*, 2008 (23): 18 – 20.

［137］ Huang Y. H. , Wu J. H. Technological system and renewable energy poli-cy: A case study of solar photovoltaic in Taiwan ［J］. *Renewable & Sustainable Energy Reviews*, 2007, 11 (2): 345 – 356.

［138］ Irfan Guney, Nevzat Onat. Technological status and market trends of photo-voltaic cell industry ［J］. *WSEAS Transactions on electronics*, 2008 (5).

［139］ Itami H. *Mobilizing Invisible Assets* ［M］. Harvard University Press, 1987.

［140］ Jean Baptiste Leaourd. Solar photovoltaic systems: the economics of a re-new – able energy resource ［J］. *Environmental Modelling & Software*, 2001 (16): 147 – 156.

［141］ John A. , Turner. A realizable renewable energy future ［J］. *Science*, *New Series*, 1999 (5428): 687 – 689.

［142］ Karl E. Knapp, Theresa L. Jester. PV Payback ［J］. *Home Power*, 2001

(3).

[143] Kirschen E. S. *Economic Policy in Our Time* [M]. Chicago: Rand McNally, 1964.

[144] Klaus Conrad, Michael Schroder. Choosing environmental policy instruments using general equilibrium models [J]. *Journal of Policy Modeling*, 1993, 15 (5 – 6): 521 – 543.

[145] Klaus Lindeneg. Instruments in environmental policydifferent approaches [J]. *Waste Management & Research*, 1992, 10 (3): 281 – 287.

[146] Klepper Steven, Graddy E. The evolution of new industries and the determinants of market structure [J]. *Ranp Journal of Economics*, 1990 (21): 27 – 44.

[147] Klepper Steven. Industry life cycle [J]. *Industry and Corporate Channe*, 1997 (6): 1 – 37.

[148] Korhonen J. Four ecosystem principles for an industrial ecosystem [J]. *Journal of Cleaner Production*, 2001, 9 (3): 253 – 259.

[149] Kotabe M. , Martin X. , Domoto H. Gaining form vertical partnerships: know – ledge transfer, relationship duration and supplier performance improvement in the U. S. and Japanese automotive industrics [J] . *Strategic Management Journal*, 2003, 24 (4): 293 – 316.

[150] Lawrence L. , Kazmerski. Solar photovolaics R&D at the tipping point: A technology overview [J] . *Journal of Elcetron Spectroscopy and Related Phenomena*, 2006.

[151] Mahoney J. T. , Pandian J. R. The Resource – based view within the conversation of strategic management [J] . *Strategic Management Journal*, 1992, 13 (6): 722 – 734.

[152] Mcnical D. L. The two price system in copper industry [J]. *Bell Journal*, 1975 (1): 50 – 73.

[153] Michael Rogol, Sltn Creen. Credit Lyonnais Securities (ASIA) [R]. 2005.

[154] Mullainathan S. , Scharfstein D. Do firm boundaries matter? [J]. *American Economic Review*, 2001 (5): 195 – 199.

[155] N. L. Panwar. Role of renewable energy sources in environmental protection: A review [J]. *Renewable and Sustainable Energy Reviews*, 2011 (3): 1513 – 1524.

[156] Panzar J. C. , Willig R. D. Economics of scope [J] . *American Economic*

Review Papers and Proceedings, 1981 (71): 268 – 272.

[157] P. D. Lund. Effects of energy policies on industry expansion in renewable energy [J]. *Renewable Energy*, 2009 (1): 53 – 64.

[158] P. D. Maycock. Cost and technology roadmaps for cost effective silicon photovoltaics [J]. *PV News*, 2003.

[159] Perry. Networks [J]. *Industrial Marketing Management*, 2001 (30): 379 – 389.

[160] Prahalad C. K. , Hamel G. The core competence of the firm [J]. *Harvard Business Review*, 1990 (5): 1011 – 1027.

[161] Salop S. C. , Scheffman D. T. Raising rivals cost [J]. *American Economic Review*, 1983, 73 (2): 267 – 271.

[162] S. Bilgen. Renewable energy for a clean and sustainable future [J]. *Energy Sources*, 2004 (12): 1119 – 1129.

[163] Schmalensee R. A. Note on the theory of vertical integration [J]. *The Journal of Political Economy*, 1973, 81 (2): 441 – 449.

[164] Shah A. , Tomes P. , Tscharner R. Photovoltaic technology: the case for thin – film solar Cells [J]. *Science*, 1999, 285 (10): 692 – 695.

[165] Sims R. E. H. Renewable energy: A response to climate change [J]. *Solar Energy*, 2004 (3): 9 – 17.

[166] Stevens G. C. Integration the supply chain [J]. *International Journal of Physical Distribution and Materials Management*, 1998, 19 (8): 3 – 8.

[167] Stigler G. J. The division of labor is limited by the extent of the market [J]. *The Journal of Political Economy*, 2006 (26): 761 – 769.

[168] Stijn T. A. , Jeroen C. J. M. Multilevel assessment of diversity, innovation and selection in the Solar Photovoltaic Industry [J]. *Structural Change and Economic Dynamics*, 2009 (20): 50 – 60.

[169] Theodore J. Lowie. Four systems of policy, politics and choice [J]. *Public Administration Review*, 1972, 32 (4): 298 – 310.

[170] Thomas C. L. , Kevin P. M. Advancing to the virtual value chain: Learning from the dell model [J]. *Harvard Business Review*, 2001, 22 (1): 113 – 117.

[171] Whipple J. M. , Franlle R. The alliance formation process [J]. *International Food and Agribusiness Management Review*, 1998, 1 (3): 335 – 357.